JN111101

非暴力の教育

今こそ、キリスト教教育を！

小見のぞみ

日本キリスト教団出版局

も く じ

＊聖書引用は、基本的に『聖書　新共同訳』（日本聖書協会）に準拠する

装丁：ロゴス・デザイン　長尾　優

非暴力の教育

今こそ、キリスト教教育を！

はじめに

キリスト教教育の「読む授業」

　2022年、この「はじめに」を書いている今年、わたしは60歳になりました。幼いころ、老いることが怖くて「どうか30歳くらいで死ねますように」と願っていたことからすると、その寿命の2倍も生きてきたことになります。60歳は、これまでの人生をなんとはなしにふりかえらせ、それほど長くないこれからに思いを馳せる、そんな年頃なのかもしれません。これまでわたしはなにをしてきたのでしょう。なにに命を使って（使命として）生きてきたのでしょう。

　わたしは、人生のうちのかなり長い期間、それもかなりどっぷりと「キリスト教教育」に携わってきました。大学と大学院でキリスト教教育を学び、教会やキリスト教学校で、キリスト教教育の信徒専門職であるキリスト教教育主事（日本基督教団が認定する職制で、信徒の教育専門職）として働き、今もキリスト教保育の観点から保育者養成に関わる短期大学の教員で、大学神学部では「キリスト教

教育」や中高聖書科の教員免許取得に必要な「宗教科教育法」という授業を担当しています。

　出身校だけ見ても、大学は日本で唯一の（30年余り存在した）「キリスト教教育学科」（聖和大学教育学部キリスト教教育学科）で学び、米国の Presbyterian School of Christian Education（日本語にすると「キリスト教教育の長老派の学校」）という長い名前の大学院を卒業しました。我ながら、よくもこんなに狭い（マイナーな）キリスト教教育という世界のなかで生きてきたものだと思います。きっと神さまにはなんらかの思いがあって、わたしはこのような、かなり珍しい経歴を歩んできたのだろうと感じます。それで、わたしは、自分がキリスト教教育として学んできたこと、それを実践してみて考えたこと、今の日本のキリスト教教育・保育に大切だと思うことを、与えられた機会と場で伝え、教えてきました。

　けれどもひとりがすることですから、授業や研修会などで直接出会えた人たちは、とうぜん限られています。一方、日本は、クリスチャン人口は少ない（教会にも人が少ない）ですが、社会にはキリスト教の園や学校、教会で「せんせい」と呼ばれる人、職員、スタッフと呼ばれる人、キリスト教を基盤にする福祉施設や NGO、NPO、活動団体で教育的な働きに携わる人、キリスト教の人間観や教育観に共感する人など、広い意味でキリスト教教育に関心や関わりがある人がたくさんおられます。キリスト者として、またキリスト者でなくても、キリスト教の考え方に賛同して、それぞれの人生を歩む、たとえば家庭で子育て、孫育てにあたる人、企業や工場で人の育ちに関わる人、子どもや知り合いにキリスト教の園や学校を勧める人もあるでしょう。

　そのような日本中のたくさんの「キリスト教教育シンパ」のみな
さんに、キリスト教教育どっぷりのわたしの話は、なにかの参考に
なるかもしれません。そこで考えたのが、「読む授業」を1冊の本
にすることでした。

　この本を通して、直接出会うことが難しいみなさんにもキリスト
教教育の授業をお届けできればと願っています。そこで、この本の
なかで、「みなさん」や「わたしたち」と書いたときに、わたしが
想定しているのは、キリスト教教育・保育に関わる、また好意や関
心をもつすべての人たちということになります。

ふたつの誤解

　もうひとつ、この本を書いたのには理由があります。キリスト教
教育を実践しようとすると、またこれについて話をすると、いつも
ぶつかってしまう「キリスト教教育」をめぐる誤解（思い込み、ま
たは混同のようなもの）があって、それを整理することが必要だと
思ったからです。区別して考えたいキリスト教教育をめぐる誤解
（混同）は、大きなものでふたつあります。

　ひとつめは、「キリスト教教育」といったときの「教育」が指す
ものについての思い込みです。教育ということばを聞くと、学校教
育に代表される一般教育が使う方法論、すなわち教師が主導し、教
えるという教授中心の教育論をわたしたちはすぐにイメージしてし
まいます（ずっと学校型の教育しか受けてこなかったので、仕方ない
ことなのですが）。

　けれども、「教育」にはそれとは違う、もうひとつの教育論が
あります。それは、教師の側ではなく学習者（子どもや生徒、学生、

信徒などの学び手）を教育の主役だと考えて、この主役がなにを経験するかを重視する学習者中心（経験中心）の教育論です。こちらの教育では、主役（学び手）の経験をうながし支えるために、教育の場を整えること、つまり環境設定が大切になります。保育は、こちらの教育論に立つもので、子どもの遊び（経験）を重視し、あらゆる働きかけ（教育）は環境を通して行います。同様に、家庭での子どもの育ちを家庭教育という観点で見るならば、それもほとんどの場合この教育論によってなされています。

　ここで問題です。「キリスト教教育」といったときの「教育」は、どちらの教育論でなされることがふさわしいと思いますか？　第1講に詳しく、そして本書全体で書いていますが、わたしは、キリスト教教育は後のほう、学び手の存在と主体性を重んじる経験主義の教育だと考えています。キリスト教教育であることの価値と良さ、宗教教育であるアドバンテージは、後者の教育論、教育法をとることにあると思うからです。よって立つ教育論の違いは、キリスト教教育と一般教育との分かれ道になりますから、とても大切です。なぜ、ほかの教育ではなく、キリスト教教育なのか、本書を通して考え、前者の教育とは別の、キリスト教の、イエスがなさった教育法、教育論について見ていきましょう。

　もうひとつの整理したい点は、特に教会のなかにある「宣教」と「教育」の混同です。もう少し言うと、「宣教（伝道）」のほうに「教育」が飲み込まれてしまっているという問題です。

　大学に入って、キリスト教教育学科で受けたある授業で、宣教（ケリュグマ）と教育（ディダケー）は教会の働きのふたつの柱、両輪なのだと習いました。福音を宣べ伝えることと、福音に生きる

人々の生涯を養い育てること（信仰の成長と育ちに関わること）は、教会に託された別の種類の働きだといわれたのです。それは、とても伝道熱心な教派で育ったわたしにとって、衝撃といえる区別でした。わたしはそれまでキリスト教教育は、キリスト教宣教（伝道）のための手段、道具だと考えていたからです。

　神を、福音を、聖書の教えを伝える宣教はもちろん、教会がなすべき重大な使命です。「時がよくても悪くても」人間がどのような状況にあっても、福音（神からのよい知らせ）を語り、告げ知らせていかなくてはなりません。

　けれども地域に建つ教会の働きはそれだけでは十分でない。今この世界にある人間が、その命と尊厳（権利）を守られて、福音の喜びのなかで生き生きと歩んでいくために、教会は――神の側に注目してそれを伝えることに終始する宣教的働きとは異なる――教育的使命を負っています。わたしやあなた、子ども、大人、すなわち人間の課題や生活と向き合うという教育の視点（人間の側に注目する視点）でなされる働きが求められているのです。

　異教社会の日本にキリスト教が伝えられたとき、宣教がすべてに優先してなされたことは無理ないことです。そこで教育も宣教のために用いられてきました。草創期の学校は、ミッションスクール（宣教のための学校）と呼ばれ、キリスト教保育は「幼子をキリストへ（導く）」を標語として、教育を宣教のために使ってきたのです。それが、今はキリスト教主義学校となり、日本のキリスト教保育を歴史的にけん引してきたキリスト教保育連盟の標語も「幼子とともにキリストへ」と変わりました。学校や園は、すべての人に開かれた公教育をになう場所として、キリスト教を伝道するのではなく、

キリスト教の人間観、価値観、教育観を基盤にして人を育てる、人格の育ちを支えることを務めとしています。

　教会は学校とは異なり、もちろん宣教（伝道）の働きを推し進めるところです。が、同時に宣教的ではない教育の働きもその使命であることを忘れてはいけないと思います。教会教育の場が、宣教の場でしかないこと、すなわち教会が（宣教の使命だけをにない）教育的使命を果たせないことは、新しくやって来た子どもたちや若い人たちが教会に根づかない現実、キリスト者としてこの社会で生き続ける人々が少ない現状とつながっているのではないでしょうか。

　この本では、宣教とならぶ教会の使命である教育を「キリスト教教育」と呼んでいます。この本を通して、みなさんがおられるそれぞれの場所での宣教と教育の働きの違い、また、一般の教育（学校型の教育）とキリスト教教育の違いを意識してとらえ、わたしたちは今どのようなキリスト教教育を願い、願われているのかを考えていきたいと思います。

第 1 講

もうひとつの教育がある

知っているのは経験したことだけ

　わたしが研修会などでいちばんよく使う体験学習に「立つ―座る」というミニ実習があります。2人組で向き合い、片方が立ち、もう一方がしゃがんだ状態で、無言で1分間、目と目を見つめ合うという体験です。これを立つ、座る、を交代して行い、それぞれの状態にあったとき、自分はどんなふうに感じたか、相手がどのように見えてきたかを実習の後でふりかえります。

　他人と1分間もじっと見つめ合うなんてことは、わたしたちの人生にめったに起こることではありませんので、無言の時間が終わると、会場は一気にどよめきます。大いに照れて、「うれし恥ずかし」が大爆発！といった感じです。席に戻ったところで質問します。

「さて、どっちのほうが好きでしたか。居心地がよかったのはどっち？」すると、ほとんどの人が瞬時にどちらかを選び、立っているほうがいい派と座っているほうがいい派に、面白いように分かれます。

　相手は同じ、時間も同じ1分なのに、立って相手を見下ろすのと、座って相手を見上げるのとでは、そのとき自分に沸き起こる気持ちや、相手への感じ方がまったく違うのです。そして、自分が絶対こっちのほうがいいと思ったことを、なんと、まったく逆に感じた人がいることがわかります。「え、そっちのほうがよかったの？」という感じです。

　この体験学習をしてもらうのは、わたしたちがなにかを知るとか、学んだというとき、それは自分が経験したことからしか得られないことを思い出してもらうためです。今、自分が立って、座って、経験して感じとったことは、わたしがはっきりと知っていることになります。本を読んで得た知識についても、それは、わたしたちがことばを体得し、自分で読むという経験を通して得たことです。自分が経験していなければ、それを知ることも、学ぶこともできません。つまり教育とは、学ばれること、すなわちなにかが経験されることだと言いかえられます。

　また、わたしたちがなにかを経験する（知る・学ぶ）というとき、感覚や感情、つまり頭だけでなく心と体全体を通して受けとるものが重要だということもわかります。例えば、あるトピックについて話を聞いて学ぶ場合でも、どんな雰囲気の場所で、どんな姿勢で、だれから、どんなことばの調子で語られたかが、聞く内容と得られる知識に大きく作用すると考えられるのです。

13

　実習で座っていたとき、「相手から叱られているような気がした」「威圧感があり怒っている顔に見えた」という感想が出ます。もちろん相手はなにもしゃべっていないのに、です。いわゆる教室型の座席配置で、教師がひとり少し高くなっている講壇に立ち、前を向いて座っている学生たちに話をする場合と、講壇がなくフラットである場合でも、聞こえ方は違います。講壇から話す場合と、ロの字や円になって教師が生徒と同じ高さの椅子に座って話をする場合では、聞きとられることに違いが出てきます。

　大人である保育者が、身長の低い子どもたちに語りかけるとき、「同じ目線で」を心がけ、礼拝や話し合いのときは、保育者を含めみんなの顔が子どもから見えるように、椅子を馬蹄形に並べるなど、保育の場では環境設定に気をくばっています。それはもちろん、伝わり方がまったく違うからなのです。学校のチャペルや教会の礼拝堂はどうでしょうか。初めて教会に足を踏み入れた人は、その場をどう感じるのでしょう。もしそこが、暗く、堅苦しい、疎外感を感じる冷たい場であるとすれば、いくら喜ばしい福音（よい知らせ）を語っても、経験され受けとられるものは、まったく別物になってしまう可能性もあるのです。

　わたしたちが経験からしか学ばず、教育が個々に経験されるものだとすると、その場の居心地や雰囲気、環境は、教育を左右する大きな要因となります。キリスト教教育・保育を実践するということは、なにを教えるかばかりを考えるのでなく、そこに集う人たちになにが伝わっているのか、なにが経験されているかを、想像し、検証し続けることといえるでしょう。

　そして、同じ「教育」ということばを使っていてもイメージされ、

意図されるものは人それぞれですから、わたしたちは、自分が教育
をどのようなものとしてとらえているのかを、よく考えてみる必要
があります。また、わたしたちがいるコミュニティや団体が、同じ
教育観を共有しているのかについても、確かめ合う必要がありそう
です。あなたは、そしてあなたが今、関わっている保育・教育機関
は、教育をどんなものだととらえているでしょうか。

「教育とは教えることではありません」

　2002年にアジアキリスト教協議会（CCA）幹事だったコーラ・
タビングーライズさんが、インタビューのなかでこんなことを語っ
ています。

　　教育とは教えることではありません。教育の場に集まってきた
　者ひとりひとりが主体として参加し、教育の場を共に創造し、互
　いに自分の持っているものを与え合い、学び合う中で、一人一人
　が生きていく力と現実を変えていく力を得ること、それが教育だ
　と思います。（「NCC教育部ネットワークニュース」No.6、2002年）

　「教育とは教えることではありません」と言われると、「え、そう
なの？」「じゃあなんなの、教育って？」と思いますね。わたした
ちは、「教育」と聞くと、つい「教えること」だと思ってしまいま
す。教育を学ぶといえば、教える内容と技術を学ぶことであり、教
育学、保育学を勉強する人は、ふつう、先生、つまり教える人にな
ろうとする人です。けれどもタビングーライズさんは、教育とはそ
ういうものではないときっぱりと語っています。

15

　教育とは、それぞれの教育・保育現場にいる人たちがみんなでつくるものであって、教師だけでデザインできるものではないというのです。教育の主役は、その場にいるひとりひとりであって、それぞれが自ら参与して学ぶとき、その人の生き方に変化が現れ、周囲をも変えていく。その成果をこそ教育と呼ぶのだというのです。このことばは、教育といえば教えることだと信じこみ、なにをどう教え、指導するかといった教師の仕事にばかり気をとられているわたしたちを、立ち止まらせてくれるように思います。

　タビング－ライズさんは、このような教育観を「生まれ育ったフィリピンの民衆教育の中から学びました」と述べ、実際に出会った多くの女性たちが、頭やことばだけによらず、からだ全体で知り、経験することを通して豊かに学んでいると語っています。わたしたちの現場はどうでしょうか。それぞれの園、学校、教会、団体において、キリスト教の教育はキリスト教をことばで教えることに終始するのではなく、その場にいる子どもたち、生徒たち、学生たち、信徒たち、つまり、学び手自身に生き生きと経験されているでしょうか。

　本書第3講でとりあげるホーレス・ブッシュネルという人は、キリスト教教育・保育について160年も前に書かれた本のなかで、「教えるよりもよいなにか、単なる努力や意図的教育を超えるなにか──が求められている」と書いています。計画されたカリキュラムや指導要領に沿って単に教えることでは伝わらないもの──それは、生きる力・信頼と安心・自尊心（子どもの誇り）・希望・自由などだとブッシュネルは述べています。こうした「教えるよりもよいなにか」が育まれるのは、「温かくて心地よい」環境との関わりに

よってだというのです。

　ブッシュネルは、教えることを主眼とする教育というものを、冷ややかで厳しい感じがするものだととらえます。それは、子どもたちなどその場にいる学び手には、窮屈で頭でっかちの、ことばと教師中心の教育だと受けとられます。このような「教師が教えること」を中心とする教育と、「その場にいるすべての人がつくりだし経験する教育」では、おそらく正反対の雰囲気が醸しだされ、その場にいる人たちに受けとられていくのでしょう。

「教えすぎ」との決別

　このように考えてくると、わたしたちがキリスト教教育の場で起こってほしいと願っている、神さま、イエスさまについて学び手が深く知るということは、単に神の概念や教義を教えてもらい、頭で理解することではなく、もっと実践的、具体的な経験、出会いと呼ばれるような体験を通して知るものだということになります。

　その人が生きる世界において味わい、実践されて初めて、キリストを深く知ること、わかることができるのです。子どもは、ひとりぼっちで怖いときに、神さまはどんなときもいっしょにいてくださるというお話を思い出し、「神さまそばにいてね」と祈って、勇気が出てくる賛美歌をくちずさみ、だいじょうぶだと安心します。日々の生活のなかでの、その実体験によって、愛の神さまは確かにおられることを知るのです。

　けれども、日本のキリスト教は、体験させるよりも、教えすぎてきました。そもそも名前が「キリスト教」、つまり「教え」で、「教会」は「教える会」です。名前が悪いなぁといつも思います。わた

17

しにとって、クリスチャン（キリスト者）であるとは、キリストの者として歩むこと、イエスが示された神のみ心を尋ねながら、自分の人生を歩くことです。それはもちろん、簡単ではなく、失敗ばかりですが、イエスさまのように生きたいといつも願っています。ですから「キリスト教」よりも、「キリスト道」とか「イエスの道」のほうが近い感じがします。

　ただ、「教えすぎ」た事情はよくわかります。明治期にキリスト教の宣教が始められたとき、日本は異教社会でしたから、キリスト教を知らない人たちに、キリスト教とはどういう宗教なのかを伝える必要がありました。教会をつくり、学校をつくり、幼稚園をつくって、一生懸命キリスト教を教えました。特にプロテスタントの教会では、神の言をとても大切にしているので、礼拝も、神の言の解説である説教が中心となり、長くなり、それはイコール、知的に、ことばで学ぶことの重視につながったのです。

　本来、神さまの愛や恵みを想い起こし、神さまと出会う場であった礼拝は、聖書のことばを教えられる教場の性格を強くもつようになりました。プロテスタントの教会、幼稚園、学校では、このようなことばによる教えが中心の礼拝が、重要とされていきます。それで、教会ですら日曜にしか礼拝をしていないのに、日本のキリスト教学校やキリスト教保育の園では、毎日礼拝をするところが多いのです。これは日本特有の、教え中心の礼拝重視の文化、習慣だといえます。こうしてキリスト教教育に熱心であるということは、すなわち、話を聞く厳粛な礼拝を数多くすることになりました。

　今、教会が行う日曜日の CS（教会学校）に来る地域の子どもは減少し続けています。小学生も中高生も、毎日学校で座らされて授

18

業を受け、先生の話を聞かされ、教えられ続けているのに、日曜まで教えられたいと思うでしょうか。教会の教育活動は、自主的な参加なので、子どもたち、若い人たちは自由にパスすることができます。それで教会は、明らかに不登校をつきつけられた状態に陥っ（おちい）ているのです。つまり、教会やCSは、子どもたちなりの言（い）い分（ぶん）や行きたくない理由があって避けられているといえるでしょう。

　だとすると、わたしたちはその理由を考えて、取り除いていけばいいことになります。それぞれの場で、子どもに尋ね、またそこに来る人の気持ちを想像して考えてみましょう。わたし自身は、その理由についてこんなふうに思っています。それは、キリスト教自体や福音、もちろん神さまにあるのではなく、未信者や子どもなど、教会の外の人を無知なものとして、とにかく教え込もうとする教会の体質、そしてやり方にあるんじゃないかな……と。

　子どもが自由に不参加を決められない園や学校でも、水面下では同じことが起きている可能性があります。キリスト教教育・保育といえば礼拝、礼拝といえば静粛（せいしゅく）にお話を聞く時間です。キリスト教保育を熱心にしている、ある保育園の先生に聞いた話。2、3歳児は、「礼拝しましょう」というと素直にしてくれる。でも、園で何年もすごしてきた5歳児ともなると、「お礼拝の時間よ」の声かけに、「えー、またぁ？」と言いだす子がいるそうです。そう言われているのに無理にまた礼拝をさせるのは、お互いつらいですね。子どもにとって礼拝が嫌な時間となるならば、しないほうがずっといいとわたしは思います。そこで伝えられる神さまを、イエスさまを、子どもたちに嫌いになってほしくないのです。

　近代日本の宣教から150年以上、キリスト教教育・保育を実践

してきて、それが今、多くの子どもや若い人たち、社会の大多数の人たちから不登校をつきつけられ、避けられているとするなら、わたしたちは、立ち止まって自分たちのあり方、特にやり方を考えてみる必要があるのではないでしょうか。それぞれの教育の場がもっているスタイル、方法論を見直し、よりよいものへと変えていく勇気をもちたいと思います。

銀行型でなく対話型の教育

　学ぶこと、教えることの本質を問う『子どもの神学』（新教出版社、1988 年）という本のなかで、著者の上山修平さんは、「方法論の問題は、私たちが考える以上に、その学びによって形成されていく学び手の人間の存在の在り方に大きな影響を及ぼす」（21 ページ）と述べています。教育に携わる者にとって、とても怖いことですが、方法論はすべてを語ってしまいます。その教育・保育の場がそこに集う人をどう見ているのか、教育内容をどうとらえ、なにを大切にしているのか、その教師がどのような人物であるのかなど、あらゆることが、用いる方法から、学び手に直に伝わっていくのです。

　方法論を軽んじてはいけない。いや、学び手の存在を重く受けとめるならば、軽んじることなどできないのだといつも思います。あえて言うなら、教育者は今、内容よりもいかに伝えるかに真剣になることを求められているのだと。そこで、キリスト教教育・保育において、大切にするべき教育のスタイル、方法とはなにかについて考えてみましょう。

　ブラジルやチリで成人識字教育を実践し、独自の教育哲学、批判的教育思想を打ち立てた教育学者パウロ・フレイレ（1921–1997）

の『被抑圧者の教育学』（小沢有作ほか訳、亜紀書房、1979 年）と出会っ
たのは、大学 4 年の授業（キリスト教成人教育論）でした。それか
ら何十年もの月日が流れましたが、このフレイレの教育学は、わた
しが教育者として歩む上で、つねに指針となるものです。そしてこ
の考え方が、第 6 講で述べる「エンパワメント」の基本となって
います。

　フレイレは、一般に教育とされているもの、特に学校教育で用い
られているスタイルを銀行型教育（預金教育）と呼んで批判します。
このタイプは、知識を有する教師が、それをもたない（知らない）
生徒に、知識を一方的に入れていくことを教育とみなします。ちょ
うど、空っぽの生徒の銀行口座に、先生が自身の有する専門知識
（お金）を振り込んでいくイメージです。

　この教育では、教師―生徒の上下関係、支配と従属の力関係が固
定化され、知識も所有物のように固定化されて受け渡されます。こ
のようなバンキングの教育方法がとられる教育現場で当然ながら起
きていることを、フレイレは 10 項目にまとめています（『被抑圧者
の教育学』68 ページ）。

1　教師が教え、生徒は教えられる。

2　教師がすべてを知り、生徒は何も知らない。

3　教師が考え、生徒は考えられる対象である。

4　教師が語り、生徒は耳を傾ける――おとなしく。

5　教師がしつけ、生徒はしつけられる。

6　教師が選択し、その選択を押しつけ、生徒はそれにしたがう。

7　教師が行動し、生徒は教師の行動をとおして行動したという

幻想を抱く。

8　教師が教育内容を選択し、生徒は（相談されることもなく）それに適合する。

9　教師は知識の権威をかれの職業上の権威と混同し、それによって生徒の自由を圧迫する立場に立つ。

10　教師が学習過程の主体であり、一方生徒はたんなる客体にすぎない。

　実際に学ぶのは生徒のほうであるはずなのに、銀行型教育の主人公は明らかに教師です。教室は、力をもつ教師が、支配管理し、力をふるう場となります。学ぶ側は、教師が選んだ教育内容を、教師が決めた方法によっておとなしく聞き、大事だと伝えられたことをそのまま受け入れて、順応することになります。これを続けていると、学び手は受け身になり、批判的なものの見方や、自分で世界を切り開く力を削がれてしまうと、フレイレは述べています。

　キリスト教教育・保育において、神さまの真実や愛は、教えこみ、オウム返しにおぼえさせればいいことでしょうか。それは、暗記して、テストですらすら答えられればいいことではなく、その教育、保育のなかで育てられた子どもや若い人たちが、神さまに愛されていることを実感し、自分の生活において、神さまのみ心である平和を実現して、他者と共に生きていくことが目的であるはずです。

　教育・保育の場にいる人たちが、世界、社会の課題、自分自身の課題と向き合い、省察し、行動するようになる。そのような生きた学びが起こるために、フレイレは、銀行型教育による一方通行から対面通行へと教育方法を変換しなければならないと主張します。そ

こで彼は、双方向の分かち合いや、その場にいる人たちみんなの参
与によって知り、学ぶために、課題提起型の教育、すなわち「対
話」という方法を提案しています。対話による教育では、教師が一
方的に知識や情報を伝達するのではなく、生徒もまた、あるとき教
師に教えるものとなるという交流、教え合いが起こります。対話型
の学びの場にいるのは、相互に刺激し合い、語り合い、聴き合う対
等な人々なのです。

　フレイレは、「対話は、世界と人間に対する深い愛がなければ存
在しえない」とし、愛が対話という教育方法の基礎であると語って
います。また、同時にこの方法は、「謙譲」「人間にたいする力強い
信頼」「希望」「批判的思考」がないところでは起こりえないとして
います（『被抑圧者の教育学』98–104 ページ）。キリスト教教育・保育
が用いるべき方法論は、まさにこの対話であると、わたしは思って
います。それぞれの教育・保育の場が、愛に根ざし、互いを自分よ
り優れたものとし、創造主である神への信頼をもって他者を受け入
れ合い、希望に満ちたことばと実践の場であること、いつも柔軟で
変革を恐れない批判的な精神を、自分自身とその場に向けられるこ
とが求められているのです。

　真のキリスト教教育とは、教えることではありません。その場に
いる人たちが――子どもが、生徒が、学生が、信徒が、保育者、教
育者、教師と共に――認め合い、学び合い、感謝し合い、福音を経
験し合うところで確かに起こっていくものなのです。教師が力をも
ち、それをふるうのではない教育、すなわち非暴力のキリスト教教
育について、本書を通して考えていきましょう。

この本の見取り図

　ここまでの**第1講**では、教えること中心の、教師が力をふるう教育とは異なるもうひとつの教育があり、キリスト教教育とはそれなのだと語ってきました。

　続く**第2講**では、そのような非暴力のキリスト教教育の原点であるイエスの教育について見ていきます。非暴力の教育の創始者ともいえるイエスは、どんな教育をされたのでしょう。それは、福音書のなかに書かれています。本書では、とりわけそれが明確にされているイエスと子どもたちの記事を読むことで、わたしたちが教育に携わる際、いつも模範とするべき姿や教育の視点について考えたいと思います

　子どもの存在に注目し、その尊い価値を認めることで、後の子どもの権利思想の礎ともなったイエスの子ども理解と、最も小さい者のひとりを受容するようにうながしたイエスの教えは、キリスト教教育がいつも立ち戻るべき場所です。ただしそれは、当時の（2000年以上前の）古代社会においては斬新すぎて、ほとんど理解されることはありませんでした。それでこのようなイエスの教育観は、長い間、福音書のなかに閉じ込められていたと思われます。つまりわたしたち人間の社会や時代のほうが、追いつかないほどの新しさだったわけですね。

　それから1500年以上が過ぎ、その子ども理解や教育観が再び注目されたのは、ルネサンスや人間中心主義を経て、西欧社会で17世紀に近代教育が生まれるころからでした。その始まりは「近代教育の父」と呼ばれるコメニウス（1592-1670）。そして18世紀のルソー（1712-1778）による「子どもの発見」以降、ペスタロッチ

（1746–1827）やフレーベル（1782–1852）が子どもたちの学校や幼稚園を形にし始めたころ、イエスの教育観が再評価され、はっきり意識されて実践されるようになったのです。ちなみに同じころ、ロバート・レイクス（1736–1811）によって、日曜学校も始まっています。こうして、子どもには権利があり、大切に保護され、保育・教育を保障されるべきだとする思想や活動が起こっていきました。

　このように見てみると、ありのままの子どもの価値を認めたイエスにならって実践されるようになった近代キリスト教教育・保育の歴史は、せいぜい 200–300 年ぐらいということになります。**第 3 講**では、その 300 年間の歩みの一大転機——自由主義的神学に立つ「宗教教育」という考え方の登場——の基となった、ホーレス・ブッシュネルの古典的名著『キリスト教養育』（1861 年）をとりあげます。

　ブッシュネルはこの本において、当時米国の教会と家庭で「キリスト教教育」だとして行われていたことを批判し、あえて「キリスト教養育」と呼びかえて、イエスの教育（主の教育）の本質を表そうとしました。「キリスト教養育」というブッシュネルの教育論は、家庭や教会での信仰の継承という課題について、わたしたちが考えるためのヒントを与えてくれます。

　第 4 講から第 6 講では、最近 100 年くらいのキリスト教教育の歩みのなかから、今に直接つながり、非暴力の教育の実践のために重要だとわたしが感じてきたことについて、テーマを分けてとりあげます。**第 4 講**では、まず、教育現場にいる「人」に注目しています。キリスト教の保育・教育を受けて、人はどのように信仰を成長させ、人生を歩み、変化していくのかについて、J・H・ウェス

ターホフの著作から見ていきます。それは、わたしたちが子どもたちに、どのように生きていってほしいと願ってキリスト教の保育・教育をしているのか……、非暴力の教育の目的、目指す生き方に関わることだといえるでしょう。

　第５講は、教育・保育が行われる「場」に注目し、教育をその場に集う人々が、学び合う空間をつくることだととらえるＰ・Ｊ・パーマーの考えを紹介します。非暴力のキリスト教教育・保育の場である共同体を、わたしたちはどんな場所としてつくりだしていけるのでしょう。教会の５つのタイプを参考にして、みなさんのいる場所の傾向を整理して、目指す方向について考えてみてください。

　テーマの最後として、**第６講**では、田村直臣という牧師・教育者をとりあげます。田村は、日本初の子どもの権利の提唱者で、子ども本位の教育、児童中心のキリスト教を掲げ、近代日本のキリスト教教育論を構築した人物でもありました。田村の語るキリスト教教育・保育とは、あくまでも子どもを主人公とする働きであり、子どもの権利を擁護する人権教育と呼べるものです。そこでは、わたしたち大人や教師は、子どものエンパワメントに徹する存在となります。ここまで読むと、非暴力の教育の姿が見えてくる、はず。

　最終の**第７講**は、力をふるわない教育を実践するとき問題となってくる「力」についてとりあげて、本書のまとめとしています。

　こうして、ふだんわたしたちが教育だと思い込んでいる、教師が一方的に生徒に教え込む教育とは異なる新たな教育──イエスが模範として実践された非暴力の教育──の地平が、それぞれの目に浮かび、教育現場に広がっていくことを願っています。

第2講

イエスのように教育する

教師イエスの姿

　聖書のなかでイエスは、自分が「主」であると同時に、「先生」と弟子たちから呼ばれる「師」でもあると語っています。そして、師であるわたし（イエス）を模範にするようにと勧めているのです（ヨハネ 13 章）。どんな先生だったのでしょう。ふつう「先生」と聞いて思い浮かぶのは、教室で講壇に立ち、教科書や黒板、PowerPoint などを使って生徒に勉強を教える人ですね。イエスはもちろん、そんな「学校の先生」タイプの師ではありませんでした。

　イエスの弟子たちや周りにいた人たちは、イエスといっしょに旅をしながら、日々食事を共にし、いやしや奇跡の業、受難と復活といったイエスの行いと生き方を目の当たりにし、その体験から、よ

い知らせ（福音）について考え、知るようになっていきました。また、イエスと会話をして、あるときは面と向かって質問され、しどろもどろで答え、イエスが湖上や山上で語られる教えやたとえ話を聴くことによって、神の国、神のみ心とはなにかを思いめぐらし、それを行うことへと徐々に導かれていったのです。

　つまり、キリスト教は、人間の姿となられた神の子がこの世界で人として生き、仕え、愛し、語り、死に、復活させられたという実践を通して、福音に触れ、学ぶことをその教育方法としているといえるでしょう。キリスト教教育・保育は、イエスの教育を模範として、同じように行うことなのです。

　福音書は、師であるイエスの教育を詰め込んだ宝の箱です。これを読むことで、わたしたち自身がその教育を受けると共に、キリスト教教育・保育の実践事例集、ケーススタディのテキストとして学ぶこともできるわけです。わたしたちは、何千年経ってもイエスという師に、聖書を通して会うことができます。ですから、弟子たちといっしょにイエスの旅について歩くつもりで、くりかえしこのすばらしいプレゼントを読みましょう。キリスト教教育・保育に関わって間がない人たちには、特に、聖書のなかでもまず福音書と仲良くなることをお勧めします。

　そこで、イエスが福音書のなかに遺してくれた深い人間理解と実践された教育を、イエスと子どもたちの関わりのなかに見ていきましょう。

イエスと子どもたち

　「イエスと子どもたち」は、多くの画家が描いてきたテーマです。

大勢の子どもたちに囲まれたイエスの絵を見たことがある人も多い
のではないでしょうか。「イエスさまは子どもたちを愛されました」
と、よく言われます。でも、それって聖書のどこに書いてあるので
しょう。本当に「イエスさまは子どもが大好き」だったのでしょう
か。イエスは、子どもたちをどんなふうに思い、どう関わったので
しょう。

「イエスと子どもたち」に関する聖書研究のために書かれた、そ
の名もずばり『イエスと子どもたち』（梶原寿訳、新教出版社、1980 年）
という本があります。本の著者、ハンス＝リューディ・ウェーバー
は、子どもに対するイエスの態度からわたしたち大人が学ぶための
テキストは、実は福音書にわずかしか存在せず、しかもそれらは
「決して分りやすいものではない」と述べています（8 ページ）。

ウェーバーはその、少ししかなくてわかりにくい手がかりのなか
で、3 つのエピソードをとりあげ、詳しく考察、分析し、イエスと
子どもたちの姿を浮き彫りにしています。それは、

①広場で遊んでいる子どもたちのたとえ話（マタイ 11:16-19、ル
カ 7:31-35）
②子どもを祝福されたイエス（マルコ 10:13-16、マタイ 19:13-15、
ルカ 18:15-17）
③弟子たちの真ん中に立たせられた子ども（マルコ 9:33-37、マ
タイ 18:1-5、ルカ 9:46-48）

の 3 つです。興味のある方は、その本を使って実際に聖書研究
をしてもらえたらと思いますが、ここでは、それらの箇所から見え

てくるイエスの子ども理解を取りだしてみます。

　記事の内容としては、②がいちばんよく知られていると思います。イエスのところへ連れてこられた子どもたちのことを追いはらった弟子たちを、イエスはきつく叱（しか）り、子どもたちを招いて祝福したというあのお話です。③も聞いたことがあるでしょうか。弟子たちが、自分たちのなかでだれがいちばん偉いかを言い争っていた場面で、イエスがその真ん中に子どもを立たせて、最も小さい者がいちばん偉い（マルコでは、最も小さい者を受け入れなさい）と言われた箇所となります。

　一方、①はあまりなじみがないかもしれません。イエスが、「今の時代」を言い表すのに、広場で遊んでいる子どもたちの様子を用いて説明している箇所です。広場で遊んでいた子どもたちの間で言い争いが起こります。「わたしたちが楽しい笛を吹いたのに、なんであなたたちは踊ってくれないのよ！」「お葬式ごっこをしているのに、なんで泣かないんだよ！」。今の言い方では、「ノリ、悪すぎィ」「空気読めよォ」で、プイッと決裂（けつれつ）と、なるでしょうか。この箇所でイエスは、些細（ささい）なことでケンカを始め、遊びをすぐダメにしてしまう子どもたちの姿を語っています。

　この３つの福音書記事から見えてくるイエスの子ども観は、まず、当時の子どもに対する社会の常識とはまったくかけ離れたものでした。周囲の人々や弟子たちには、理解できない考えだったと思います。

　今から2000年以上前、イエスがおられたユダヤ（イスラエル）の国はローマ帝国の支配下にあり、ギリシャ・ローマの文化と価値観が流れこんでいました。その、古代ギリシャ・ローマ世界では、

一般的にいって子どもは非常に低くとらえられ、子どもそのものの大切さなど、特に考える人はいませんでした。子どもの価値は、国家や社会の将来的にない手として大人の役に立つかという、「大人の都合」と「将来の有用性」で計られていたのです。

　ウェーバーは、「子どもは、これから形成され、教育されるための『原料』と見なされ」ていたと書いています（80 ページ）。ゆくゆくは戦争に行って国を守る兵士になるから、ちゃんと税金を納める市民になるから、家業や家事をになう働き手になるから、また、大人の愛好品（ペット）や見世物（みせもの）としてお金になるから……などの理由で役に立つだろう子どもだけが生かされ、育てられたのです。ですから、将来的に社会に不用、あるいは迷惑だと父親や村の長老にみなされれば、子殺しや子捨て、子売りが当然のようになされていたといいます。

　これに対して、イエスが生まれ育ったユダヤ社会では、子どもの誕生は喜びの出来事とされ、子どもは神からの尊い賜物（たまもの）、祝福の象徴でした。よかった……ちょっとホッとしますね。けれども、旧約聖書に描き出され、イエスの時代にも浸透（しんとう）していたユダヤ教の子ども観を探っていくと、子どもの存在は、決して手放しで認められ、喜ばれていたのではないことがわかってきます。

　ユダヤ世界において、子どもは神との契約（けいやく）に基づいてとらえられ、その価値は神中心的な視点で計られていました。子どもは、両親に委託（いたく）されているものの、あくまでも神に所属し、神にささげられるものでした。子どもは、神の民イスラエルの繁栄のために神から与えられた賜物であり、民族を保守、継承していくというこの一点において大切にされていたのです。

　そこで、子どもは神の民、ユダヤ教徒として律法（トーラー）に沿った生活をするように、両親にその教育がゆだねられていました。ウェーバーは、旧約聖書における「教育」の語源が、「鞭打つ」「懲らしめる」「訓練する」などの意味をもつヤーサル（jasar）という動詞であったことからわかるように、ユダヤの家庭教育は、子どもたちが十戒に則って父母を敬い、親に従順であるようにしつけ、訓練することだったと述べています。つまり、子どもの価値や重要性は、神との関わりと律法への関心という文脈の外にはいっさい認められず、子どもは律法の下で厳しくしつけられるべき存在だったのです。

　このような時代において、イエスはギリシャ・ローマ文化の流入を受けつつも、圧倒的にユダヤ教を重視する家庭とシナゴグ（会堂）、ユダヤ社会で教育され、ユダヤ教徒として育てられました。ところが、福音書が語るそのイエスの子ども理解と教育観は、イエスも受け、ユダヤ人が当然もっていたものとはかけ離れていました。

イエスは子どもをどう見たのか

　新約におけるイエスの子ども理解は、神中心のユダヤ教の子ども観とも、ギリシャ・ローマ世界における有用性にもとづく子ども観とも異なっていました。違うという以上に、それまでの子ども観を根底から覆す、まったく新しい考えだったのです。

　上笙一郎は、『〈子どもの権利〉思想のあゆみ』（久山社、1996年）において、20世紀初頭までの世界の子どもの権利思想の源流には、ルソーの「子どもの発見」に先立ち、ヨーロッパ社会に浸透していたキリスト教があったと述べています。そして、その出発点は、

「子供のようにならなければ、決して天の国に入ることはできない」
（マタイ 18:3）と語ったイエスにあるとしています。子どもの人権
や尊厳、存在を尊重するという考え方自体が、人間の社会になかっ
たときに、はじめにその存在に注目したのは、他ならぬイエスだっ
たというのです。

　子どもを見るイエスの視点は、さまざまな点で、一般的な見方や
当時のあたりまえとは違っていました。ふつう子どもは、親とセッ
トで登場するか、だれの子どもかなど所属先や特徴と共に語られま
す（ヤイロの娘、父親に連れてこられた霊に取りつかれた子など）。と
ころが、先述のウェーバーがあげたイエスと子どもたちの 3 つの
聖書記事は、その子どもたちを特定する情報について、共通してな
にも語っていません。

　だれの子だったのか、どんな子だったのかにかかわらず、つま
り、性別、国籍、病気や障がいの有無などの特徴や属性にかかわら
ず、イエスは、そこにいる子どもを見ていました。イエスの子ども
への視点には、ユダヤ教的通念や律法の尺度もなく、子どもが成人
となった場合に予測される価値や有用性といった基準もありません。
イエスは、なにか他のものや自分の関心からではなく、まさに、目
の前に生きている子どもそのもの、子どもの現在を見つめていたと
いえるでしょう。

　しかも、そのイエスの子ども観は、①に見られるようにとても現
実的で、写実的と呼べるものでした。イエスは、広場で拗ねてしま
い、すぐに遊びをだいなしにしてしまう、ふだんのままの子どもた
ちを描写することで、子どもをめぐるあらゆる理想化を排除してい
ます。そこには 18 世紀のロマン主義的な子ども観、無邪気で純粋

で天使のような子どもという理解は、これっぽっちもみられません。イエスにおいて子どもは、決してイノセンスな、罪がない存在ではないのです。子どもたちは自分勝手で、思い通りにならなければすぐに拗ねてしまう人間そのものです。

　イエスは子どもを極めてリアリスティックにとらえ、そんな子どもの等身大（とうしんだい）の存在を、驚くべきことに、②において、価値あるものとして認め、神の国は「このような者たちのもの」だとしています。弟子たちから追いはらわれ、軽んじられた子どもを抱きあげて祝福する——存在のありのままを認め、肯定し、受容したのです。子どもはこうして、どんな功績もなんの条件もなしに、現実の、弱く小さな子どもの姿のままで神の国に入る者の象徴とされました。周囲のユダヤ人が切に求めていた永遠の生命（いのち）、祝福にみちた神のみ国の住人は、この子どものような者たちなのだとイエスは宣言したのです。このイエスの子ども理解は、なんど見ても、いつ読んでも、すごいことを言っていると思います。

　ただ、それは、先述したように子どもがすばらしいからではありません。また、福音書を見るかぎり、罪から救われるべき子どもという理解は、イエスにおいてなされていないことも明らかです。福音書のイエスの言動には、子ども賛美も、贖（あがな）われるべき罪人（つみびと）としての子どもという理解も、まったく見当たらないのです。

　さらにイエスは、③において、ひとりの子どもを弟子たちの真ん中に置くことで、子どもを「教えを受ける」、「しつけを受ける」存在から、大人たちが見習うべき模範へと転倒（てんとう）させています。「だれがいちばん偉いか」という弟子たちの問いに、イエスは、子ども、すなわち「最も小さい者」だと答えます。この「小ささ」は、低さ、

無力さ、貧しさ、弱さなどに通じるものですから、子どもは力関係のなかで、人間社会のなかで最も下、底辺にいる者を表します。ところが、子どもは、大人から一方的に教えられるべきいちばん下の位置から、その小ささを教える教師へと大変身させられているのです。

　こうして子どもは、「最も小さい者」の代表者として教会に示されることになりました。それだけでなく「この最も小さい者の一人にしたのは、わたしにしてくれたことなのである」（マタイ 25:40）とあるように、子ども＝最も小さい者＝わたし（イエス）という図式によって、イエスご自身を映す存在となったのです。

　③の真ん中におかれた子どもの記事でも、この図式が使われています。「このような子供の一人を受け入れる者は、わたしを受け入れるのである」（マルコ 9:37）。そして、さらにそのように子ども＝わたし（イエス）を受け入れる者は、「わたしをお遣わしになった方」すなわち神を受け入れるのだとしています。最も小さい者である子どもを受け入れることは、イエスご自身と、イエスをお遣わしになった神を受け入れる行為なのだというのです。

　神のみ心が受け入れられ、み心がなされる神の国は、この世で最も弱く低く小さい者が受け入れられるところにあります。こうして、イエスはひとりの子どもを真ん中に置いて、わたしたちに「最も小さい者」の「小ささ」を価値あるものとする神のまなざしを示し、その「低さ」、つまり謙遜であることをわたしたち大人の模範とされたのです。

「マルコの 10 章」が語る、もうひとつのこと

イエスに触れていただくために、人々が子供たちを連れて来た。弟子たちはこの人々を叱った。しかし、イエスはこれを見て憤り、弟子たちに言われた。「子供たちをわたしのところに来させなさい。妨げてはならない。神の国はこのような者たちのものである。はっきり言っておく。子供のように神の国を受け入れる人でなければ、決してそこに入ることはできない。」そして、子供たちを抱き上げ、手を置いて祝福された。(マルコ 10:13-16)

わたしは学生に、イエスの子ども理解に基づいたキリスト教保育について話すとき、「マルコの 10 章」がそのキーとなり原点となるから、「マルコの 10 章」だけはおぼえておいてと、「マルコの 10 章」を連呼しています。上述のウェーバーでは、②に入る「マルコの 10 章」、正確にはマルコによる福音書 10 章 13-16 節は、「イエスと子どもたち」の福音書記事のなかで、最も中心的で伝承史的にも最古とされている箇所です。

そんなに大事な「マルコの 10 章」の物語は、いったいなにをわたしたちに伝えているのでしょうか。もちろんそれは、ひとつには、前節の②で述べた驚くべきイエスの子ども理解を示しています。そしてこの箇所は、もうひとつ重要なメッセージを語りかけています。ここからは、ヴォルフガング・シュテーゲマンの社会史的解釈にもとづいて、今井誠二さんが著した「子どもを受け入れるイエス——マルコ福音書における貧困と子ども」（富坂キリスト教センター編『奪われる子どもたち——貧困から考える子どもの権利の話』教文館、2020 年所

収）を手がかりにしていきましょう。これはわたし自身が、ある研究会で、シュテーゲマンの訳者であり研究者である今井さんから学んだ衝撃的な聖書のときあかし（読み方）でした。

　まず注目したいのは、マルコ 10 章においてイエスは、神の国を「このような者たちのもの」と述べていることです。イエスのところへ連れてこられた子どもに代表される「このような者たち」とは、いったい「どのような者たち」なのでしょう。親とは書かれていない「人々」が、幼い子どもたちをイエスの共同体へ連れてきていることから見て、それは、親のない子ども、当時のユダヤ社会において人口の大多数を占めた絶対的貧困層（原文のギリシャ語ではプトーコイ）の子ども、つまりその日の食べ物にも困る、極貧の身寄りがない子どもたちだったのではないかと推察されるのです。

　だから、自分たちでさえ暮らしていくのに精一杯だったイエスの弟子たちは、当然、そんな子どもたちを追いはらったのだと考えられます。その日暮らしのイエスの旅集団に置いていかれたら、大変だったのです。シュテーゲマンは「孤児なのか捨て子なのか、あるいはもはや、それ以上扶養できなくなった子どもたちが連れてこられたのかは判断できないにせよ、問題になっているのは寄る辺のない子どもたちの受け入れであることは明白である」としているそうです（『奪われる子どもたち』195–196 ページ、注 14）。

　ところがイエスは、神の国とは、そのようなプトーコイのもの、貧しく小さい子どもたちのものだと語ります。イエスは、福音書のなかで一貫して、小さい者、貧しい者、自分ひとりでは立ちえない罪人、道に迷う者、社会的弱者、病人に福音を宣べ伝えています。そのようなイエスの説く「小さくされた者たちの福音」「子どもた

ちの福音」に、当時の社会状況、お話の背景となっている社会史的
文脈を重ね合わせてみると、マルコの10章の子どもたちは、少な
くともわたしには、最も小さく貧しい者たちであったに違いないと
思われます。

　連れてこられた子どもたちをそう考えてイエスのことばを読むと、
次に問題となるのが、15節の「子供のように」をどう解釈するか
です。この部分は、聖書が書かれたギリシャ語の原文では、「子ど
ものように」（ホース・パイディオン）とだけあり、文法上2通りの
訳がつけられます。A「子どもが受け入れるように」と、子どもを
主語（主格）にする訳と、B「子どもを受け入れるように」と子ど
もを目的語（対格）にする訳です。そして、「子ども」を、「受け入
れる」の主語としても、目的語としても文法上間違いではなく、そ
のどちらなのかの判断は、お話のコンテキストや場面の背景から考
えるよりほかないのだそうです。

　そこで、従来、15節は、「子供のように神の国を受け入れる人で
なければ、決してそこに入ることはできない」（新共同訳）と訳さ
れてきました。つまりAの解釈で、子どもを主語として訳したの
です。そう訳すと、イエスのことばは、子どもが持っているある特
性が、大人が見習うべき模範であるという読み方になります。その
子どものように大人もしなさいというわけです。

　そのように翻訳すると、子どもの特性は、全幅の信頼を寄せて他
者を受け入れる姿や、究極の謙遜性などと解釈されることになりま
す。もちろん、それはそれで、とても意味のあることです。「自分
を低くして、この子供のようになる人が、天の国でいちばん偉いの
だ」（マタイ18:4）とある通り、ウェーバーが③に分類した箇所では、

幼子が示す絶対的な信頼や、小さく低くされた姿は、信仰者の模範とされています。

　けれども、マルコの 10 章にある、この短いお話で、イエスはほんとうに、子どもが大人の模範だと言っているのでしょうか。実際のところ、連れてこられた子どもが招かれるという場面のなかで、イエスは子どものどのような姿が模範だと思っていたのかを見つけることは難しいですよね。子どもが持っている普遍的な特性を、このエピソードのなかで見定めるのは、ちょっと無理があります。

　これに対して、シュテーゲマンが指摘するように、今井さんは、B で読む方が自然だと語ります。そちらを採用すると、翻訳は以下のようになります。

　　子どもたちを、私のところに来させよ。子どもたちを妨げるな。なぜなら神の国はそのような者たちのものだからだ。アーメン、私はあなたがたに言う。子どもを受け入れるように神の国を受け入れる者でなければ、神の国には入れない。

（マルコ 10:14b-15、今井誠二私訳）

　このように子どもを目的語に訳すと、「子どもを受け入れるように」となり、イエスが弟子たちに説き、勧めたのは、「そのような子どもたちを受け入れること」になります。

　ローマへの抵抗戦争に何度も敗れ、ローマ帝国の圧政のもと、ユダヤ社会には絶対的貧困層があふれていました。貧しい社会のなかで、その被害のしわ寄せは、最も弱いところへやってきます。ですから絶対的貧困層のなかでもいちばん悲惨だったのは、無力な子ど

もたちだったに違いありません。イエスが受け入れるようにと言われたのは、そのような行き場がどこにもない、いちばん困っている、最下層の子どもたちだったのです。

　イエスはマルコの10章において、絶対的貧困層の人々（プトーコイ）、寄る辺ない、最も小さい者たちの代表（象徴）として、だれの保護も受けられない子どもたちを、自分の共同体に引き受け、共に生きるように弟子たちに語っています。なぜならそのような子どもを受け入れることこそ、神の国を受け入れることにほかならず、そのような神の願い、神のみ心を実践する人だけが、神の国に入るからなのです。

　マルコの10章は、そのような寄る辺ない子どもたち「小さく貧しい者」が祝福され、そのままで全面肯定され、受容される共同体こそが、地上における神の国の実践・実現であることをわたしたちに伝えているのではないでしょうか。

今、わたしたちは……

　福音書に描かれたイエスの徹底的にリアリスティックな子ども観は、「あなたは今、目の前にいる子どものなにを見ているのか」という、イエスからの問いかけのように感じられます。わたしたちは、この社会で、どのような子どもを、どのように見ているのでしょうか。理想化し、色眼鏡をかけて見るのではなく、また、大人や教師がこうあってほしいと願う姿を描くのでもなく、今生きている子どもたちのありのままの現在をわたしたちは見ているのでしょうか。

　以前、キリスト教のエライ先生たちがおられる研究会で、子どもについてわたしが発表するということがありました。けっこう長い

持ち時間でしたが、話している間も、話の後の質疑のときも、まったく自分のことばが届いていないという気持ちになりました。日本語でしゃべっていて、あれほどのアウェイな感じや、ことばが空を切るような無力感をもったことはありませんでした。ある意味ですごすぎるその経験からわかったのは、子どもについて話していても、（聞いている人とわたしの）見ている子どもがまったく違うことがあるんだということでした。

　たとえば同じ教会の大人同士であっても、「子どもたち」と言ったときに、それぞれが見つめている「子どもたち」は、同じとは限りません。イエスが広場で遊ぶ子どもたちを見て、その子どもたちのことを語られたように、わたしたちは、自分の場所で、園で、学校で、教会で、地域社会で、格差と差別が横行する、高度に情報化されたこの世界で生きている子どもの「今、ここで」の現実を見なくてはならないのです。

　しかも、福音書のイエスの子どもへのまなざしには、そのなかでも「最も小さい者」——いちばん困っている子ども、虐待されている子ども、頼るものがなくて苦しんでいる子ども、排除されている子ども——にこそ、目をとめることが示唆されています。それは、保育室や教室のなかで生きづらさを感じ、支援を必要とする子どもたちかもしれません。いじめられて登校、登園ができなくなっている子どもかもしれません。隠された貧困によって、おなかをすかせている子どもたち、機会や人間関係を奪われている子どもたちかもしれません。日本の文化や社会から隔てられ、自身の尊厳と文化を否定されている滞日、在日外国人の子ども、セクシャルマイノリティとされている子ども、インターネット上の暴力やヘイトにさら

されている子ども……など、小さく、弱くされた存在は、本当にたくさんわたしたちのまわりにいるのです。

　けれどもイエスのように「最も小さい者」に注目し、無力さや低さ、弱さに価値をおくことは、とてつもなく難しいことだと思います。わたしたちは力あるものが大好きで、大きいことばかりに目を向けてしまうからです。それでイエスは、聖書のなかに「小さな人々のひとりのなかにわたしがいるよ」と言いのこしてくださったのかなと思います。「最も小さなひとり」をわたしたちが見過ごさず、かえって探しだし、結びついていくために……。

　わたしは、マルコ10章の社会史的解釈に出会ったとき、イエスはなんて厳しいことを言うのだろうと思わずにいられませんでした。これは、読む者に、自分の生き方を鋭く問いかけます。わたしたちが今生きている社会のなかで、最も小さい者、貧しい者、寄る辺ない者を自分の共同体（信仰共同体、教育共同体）へ受け入れなさい、あなたが関わりなさい、と言われているのですから。

　イエスが福音書にのこされた教育とは、キリスト教主義を標榜（ひょうぼう）するわたしたちの教育（保育）共同体、信仰共同体のなかに、最も小さい者を受け入れることにほかなりません。それは、確かに厳しい課題かもしれません。けれども、イエスは、そこに神の国の祝福があり、なによりすばらしい、よい知らせ（福音）があると語っているとすれば、わたしたちのすべての努力をそのことに向けたいと思うのです。

第 **3** 講

「キリスト教養育」と言いかえる

イエスの教育は「養育」

　イエスの子ども理解に基づいた教育、保育を見てきました。この
あり方を、「主の養育」、すなわちイエスの養育と呼んで、「キリス
ト教教育はキリスト教養育である」と考えた人がいました。アメリ
カの神学者ホーレス・ブッシュネル（1802–1876）です。ブッシュ
ネルは、神学校を卒業した後、生涯ひとつの教会で働いた牧師さん
でした。そして、その経験から、教会における子どもたちの教育、
クリスチャンホームでの子育ては、イエスが願っている養育でな
ければならないとして、『キリスト教養育』（*Christian Nurture*, 1861）
という本を書きました（断りがない限り、本書では私訳で引用します）。
　それは当時のクリスチャンや教会の指導者たちが考えていた、子

どもを回心へと導く伝道的な教育とは全く違っていて、かえって、そんな教育のあり方を厳しく批判するものでした。それで、その時代には受け入れられませんでした。キリスト教界で発禁処分となったというのですから、そうとうなものです。ところが今ではその本は、時代をこえてわたしたちを導く古典的名著とされています。

　ブッシュネルのすごいところは、イエスが神の国に入る生き方とされた、子どもを受け入れるというあり方を、キリスト教の教育、保育、子育てに適用するとどうなるかを示し、「養育」ということばに託して表したことだと思います。本章では、あえて「養育」と言いかえられた教育の中身を見ていきましょう。

　ところで、最近大学にいて感じるのは、重たい荷物をかかえて苦しんでいる学生がほんとうに多いということです。表面的には見えませんが、貧困や経済的な困窮に直面する人、自身の身体的、精神的な弱さや発達の課題を負う人、家族（親子）関係やネット社会での人間関係に深く傷ついている人、家庭内の問題を背負わされている人（ヤングケアラーも見られます）、性的マイノリティにたいするものをはじめ、さまざまな差別と権利侵害に遭う人など、あげればきりがありません。剝奪や暴力にさらされ、孤独・孤立のなかで、うつうつとした心の重さに押しつぶされそうになっている若い人たちがたくさんいるのです。

　これは子どもや若い人にかぎらない現象と言えるかもしれません。長引くコロナ下で、社会を包む重苦しさと生きづらさは深まり、学んだり働いたりする前に、まず休みやケアを必要とする人たちが、自分自身を含め増えているのだと思います。傷つき、弱っているとき、わたしたちは、指導され、教育される以前に、受け入れら

れ、慰められ、いやされなければ歩むことなどできません。目的を目指してなされる教育の大前提に、養育することはあるのではないでしょうか。

養育 nurture という語は、ラテン語の nutrire（乳を飲ませる、養う）に由来します。お母さんが赤ちゃんを腕に抱いて授乳する、慈しんで養い育むという意味です。ここで大事なのは、養育される赤ちゃんのほうに生きる力があり、育つのは子どものほうだということです。子どもは、養育者の助けを借りながら、自ら成長、発達していきます。だとすると、養育者である大人とは、教師にくらべコントロールや支配するという要素が少ない保育者（子どもの育ちを保つ人）や、ケアギバー（子どもが生きていくためのお世話やお手伝いをする人）のことと言えます。

ブッシュネルは「教育」を「養育」と言いかえました。そうすることで、イエスさまのなさる教育は、養育の要素を強く持っていると伝えたかったのだと思います。

ブッシュネルは本書の冒頭に、エフェソの信徒への手紙6章4節の後半「主の薫陶［nurture］と訓戒とによって、彼らを育てなさい」（口語訳聖書）を掲げます。その前半に「父たる者よ。子供をおこらせないで、主の薫陶と……」とあることから、「主の養育」は子どもを怒らせないものだと理解できます。それは、子どもが安心して喜んで生きていくことを挫いたり阻んだりするものではなく、助け支えるものであり、ブッシュネルのことばで言えば、「あったかい我が家」でなされるような、穏やかで優しい保育、養育だということができるでしょう。

45

キリスト教養育の姿

　みなさんは、「キリスト教教育（保育）とは〜である」と自分なりに定義してくださいと言われたら、なんと答えますか。わたしなら、「信じて待つこと」と入れるかなぁと思います。「愛」である、というのもありでしょうか。養育をとなえたブッシュネルの答えは、「子どもがキリスト者として成長し、自分がそれ以外の何者でもない者として生きていくようにすること」です。キリスト教教育とは、子どもが自分はキリスト者である、つまり神さまの子ども、神さまのものなのだというアイデンティティを持って人生を歩んでいくこと、だと言います。

　少し、あれ？と思う、不思議な言い回しです。子ども自身がクリスチャンとして、つまり自分は神さまに愛されたイエスさまのものなんだと知りながら日々育っていくことが、キリスト教の子育て、養育、保育、教育なのだよと言っている——それは、それまでの、そして今も多くの人が思っている、子どもを対象になにかする、子どもを導いてどこかへ仕向けていく教育とはまったく違う画期的な発想でした。

　ここで興味深いのは、それが「子どもをクリスチャンにする」ではないということです。子どもがいつかクリスチャンとなるために、家庭で、園で、学校で、教会でキリスト教教育をしています——という方が、実はずっとわかりやすいのですが、ブッシュネルにおいて、回心や受洗（洗礼を受けて信者となること）はゴールになっていません。

　ブッシュネルの時代に米国で広まっていたのは、人々を感情的に高揚させて、悔い改めに導き、回心を経験させるという伝道こそが

人をクリスチャンにするという考え方でした。その考えによれば、クリスチャンになることは、ある程度成長した人だけに許されることだったのです。自分の罪とイエスによる救いを認識、理解して、ことばで告白し回心を経験するというやり方でしかクリスチャンにはならないのだから、それができない乳幼児や、知的にまだまだ未発達の子どもは放っておくという考えが横行していました。

それに対してブッシュネルは、「キリストは、真に大人のための救い主であるのと同じく、幼児や子どもや若者のための救い主である」（森田美千代訳 [教文館、2009年]、88ページ）と述べています。ゼロ歳の赤ちゃんにも、5歳の幼な子にも、児童やティーンエイジャー、青年と呼ばれる人たちにもイエスさまの愛は必ず注がれ、それぞれはその愛に応えることができるのだということです。目の前にいるのは「いつか大人になる子ども」ではない、「まだ不十分な若造」ではない。「今、子どもである子ども」「今〇歳という若い日を生きている存在」に対してこそ、キリスト教の養育が十分になされなくてはならないと主張したのです。

誤解を恐れずに言うならば、わたしたちは、自分たちのしている教育や保育を、「いつか実る日のための働き」、つまり受洗してクリスチャンになるための動機づけだとして、単なる「種まき」に過ぎないものと位置づけてしまうことがあります。もちろん、幼い日、若い日の経験や記憶は、後に活かされるという側面をもっています。けれども、「種まき」を教育の中心にすえてしまうと、実を結ぶという結果ばかりが意識され、教育の目的を未来のこととしてしまう危険があるのです。

ブッシュネルは、将来ではなく、子どもの今ここにある生を尊び、

そこにていねいに関わることが大切なのだと語ります。ですから、誕生という人生のスタート地点は最も重要な始まりであり、まだなにも知らない、わからないと大人が決めつけてしまう子ども時代ほど、心を尽くして養い育てることが大事なのです。わたしたちは今、彼のように本気で、子どもたち、未熟とされる人たち、小さい者たちこそがイエスに愛されて真のクリスチャンとして生きられることを信じているでしょうか。子どもたちが、自分は神さまの子どもだと感じて生き生きと人生を歩むように、その生の場を整え、支え、養っているでしょうか。

　ブッシュネルが語るキリスト教養育は、子どもの「魂の征服」より、「魂の生活習慣」となるキリスト教信仰に価値をおくものです。キリスト教信仰のなかで子どもや若者を育てるということは、子どもをキリスト教的概念や道徳によって打ち負かして服従させることではなく、キリスト教的な生き方やイエスへの信頼を、その子自身が日々の生活や環境のなかで、文字通り身につけていくための援助なのです。

「ダチョウの養育」と「宗教2世」問題

　ブッシュネルはこのように、大人になるまでの子どもに無関心で罪のなかに放任することも、キリスト教的な道徳や従順を厳しくしつけることも、どちらも強く批判しました。でも、今わたしたちが生きる世界、子どもたちの家庭や園、学校、教会の現実はどうでしょう。ブッシュネルがそうであってはいけないと指摘した、子どもや若者の魂のケアには無関心で、道徳は教えこむが神さまとの深い関わりにはふれない単なる倫理教育が、残念ながら今も、繰り返

されているのではないでしょうか。

　子どもの現在や、今かかえる痛み、叫びを無視しておいて、聖書のことばや神さまを用いた道徳教育や裁き（批判的な指摘と取り締まり）に終始し、結果的に親、保育者、教師が管理しやすい「良い子」を育成しようとする教育……。ブッシュネルは「この種の養育は残酷である」とまで言って、この誤ったキリスト教教育を、ダチョウの習性になぞらえて「ダチョウの養育」と呼びました。ダチョウ？　そう、あの砂漠やサバンナを走るダチョウです。

　旧約聖書には、「荒れ野の駝鳥」が薄情な子育ての代表として登場します（哀歌4:3）。またヨブ記には、「駝鳥は卵を地面に置き去りにし／砂の上で暖まるにまかせ／獣の足がこれを踏みつけ／野の獣が踏みにじることも忘れている。その雛を／自分のものではないかのようにあしらい／自分の産んだものが無に帰しても／平然としている」（39:14-16）とあります。ダチョウは、自分が産んだ卵を知恵と愛情をもって育てず、ほったらかして、それが死んでしまったとしても平気だというのです。さらにダチョウは、「こうのとりのような羽毛」をもっていないとも書かれています。つまり、オス、メスそろって卵を抱き、ヒナを大事に育てるコウノトリのようなやわらかな、ふわふわのダウン（優しさ）をもって子どもの育ちに関わろうとしないというのです。

　ダチョウには大変失礼ですが、聖書ではこのように、ダチョウを子育てにおいて残酷で無慈悲な鳥、分別のない愚かな鳥として、比喩に用いています。そしてブッシュネルは、こともあろうにそのダチョウの養育とおんなじことを、キリスト教教育・保育だとして行っている人たちが、クリスチャンホームに、教会にいる！という

のです（わたしは、園にも、学校にもいる！と付け加えたいです）。

　ブッシュネルは、この本でキツイことばを連発するのですが、彼がもっとも激しい非難を向けるのは、子どもたちを育てているクリスチャンの大人（親や教会の人たち）に対してです。「信仰者の生き方は悲しいほど不完全で、その行為は自己満足のためになされ、hardness（厳しさ、冷淡さ、堅さ）と rudeness（粗雑さ、無礼、粗野）はあるのに、見えないものへの感受性を欠いている。多くのクリスチャンは、愛への忠誠よりも、支配することへ忠誠を示し、温かで愛情に満ちた家庭的な性質に乏しく、周囲にキリスト教的雰囲気をかもし出さない」と。また、そんなクリスチャンの「大人のill-temper（邪悪な気質、残酷な気性）が、子どものやわらかで優しい感受性を傷つけ、子どもの自信を失わせ、怒らせてしまう」のだとも言っています。自分に当てはめてみて、心がズキズキしてきます。

　最近、「宗教2世」「スピリチュアルアビュース（信仰という名の虐待）」ということばがメディアなどでとりあげられ、注目されています。これは、カルトに限らず伝統的な宗教においても、特定の信仰をもつ親、家庭で育つ子どもがひどく生きづらさを感じ、そこを離れようとする、また、家や親の信仰に対して嫌悪や批判をもつ現象です。ここで問題となっていることは、親子の力関係（上下関係、主従関係）が歴然とした逃げ場がない家庭内で、神さまという聖なる権威を持ち出して一方的になされる支配やコントロール、過度の要求、厳格な道徳・規範の遂行、それは罪であるといった裁きなどが、宗教「教育」として行われていることです。まさに、ブッシュネルが指摘したように……。

　牧師家庭や厳しめのクリスチャンホーム、先生と呼ばれる職業に
就くキリスト者が親である家庭などで幼少期を過ごした人たちの訴
えを、このところよく耳にします。親によって宗教的道徳的に押さ
えつけられ、言動を方向づけられることで自由を奪われ、自分の尊
厳を長年傷つけられてきたと感じる人もいます。わたし自身も、熱
心なクリスチャンホームで、キリスト教の規範によって厳しくしつ
けられた宗教2世（父方で2世、母方で4世）ですので、家庭内で
なされる宗教教育の影響や力の強さについては、思うところがたく
さんあります。ブッシュネルにうなずくことも……。

　宗教2世の問題でとくに深刻なのは、一見正しそうだけれども、
実は冷たい「教育」を家庭内で継続して受けたために、幼いころか
ら自分のことより、親の機嫌や指示を優先し、「わたし」を後まわ
しにする──それが何年も続くうちに、「自我」や「自己」を育て
られないまま大人になるケースです。このように、親との関係のな
かで心に傷や欠けを負いながら、大人になった人たちのことをアダ
ルトチルドレンと呼びます。アダルトチルドレンは、他者に頼られ
ることで自らの存在意義を確かめる必要から共依存になる、自尊心
や自己肯定感をもてないなどの課題を長く背負うことになってしま
います。

　幼いころから積み重ねられた教育は、その人の人生に大きな影響
を与えます。誤解に基づいたキリスト教教育によって、子どもの、
わたしたち人間の大切なスピリチュアリティが傷つけられることは、
あってはならないことだと思いませんか。わたしたち大人は、クリ
スチャンホームで息苦しさを感じ、傷ついている子どもや若い人た
ちがいることから目を背けないようにしましょう。そして家庭だけ

でなく教会や園、学校などでなされるキリスト教保育やキリスト教教育（信仰継承教育、教育的伝道など）が、神さまの名を使った訓練やしつけ、力による支配になっていないかどうかを検証し続ける必要があります。冷たくて、粗野で、優しさのかけらもない残酷なダチョウのありさまそのもので、「教会」に代表されるキリスト教は、小さなひとりの子どもをあつかっているのではないか、「子どもなんか」とほったらかしているのではないか、「子どものくせに」と見下（みくだ）し、あしらっているのではないか──と。どうかすべてのキリスト教教育・保育の場が、ダチョウのようではありませんように。

オーガニックな関係・プラスチックな年頃

　最後に、ブッシュネルが説くイエスの穏（おだ）やかで優しい養育論のなかから、とてもユニークで示唆に富む、オーガニックコネクション（organic connection）とプラスチックエイジ（plastic age）をとりあげます。カタカナのことばは、なんとなくわかったつもりで（わからないままで？）使ってしまうものですが、オーガニックとプラスチックの意味を改めて確認しながら、ブッシュネルの考えを見ていきましょう。

　まずは、オーガニックです。オーガニックは、「有機栽培（ゆうきさいばい）」とか「オーガニックコットン」など身の回りでたくさん見かけるのですが、実際の意味はと聞かれるとけっこうあいまいです。辞書によれば「有機的」という意味ですが、わたしも、なんか自然でからだにいい感じ？というほどのアバウトな理解をしていました。けれどもブッシュネルは、養育の出発点を誕生に置き、誕生前後にある親子間の関わりのことを、特別にオーガニックコネクション（有機的つ

ながり）と名づけて、他のどんな人間関係より重視しています。その「有機的つながり」とは、どういうものなのでしょう。

　結びつき方が有機的であるというのは、ちょうどその関連性が、生物（有機体）のようだということです。わたしたちのからだが、多くの部分や組織が集まり相互に作用し合ってひとつの全体を構成している有機体であるように、親子の間には、切っても切り離せない密接な交流があり、生きていくための自然で分かちがたい結びつきがある。その関係は、生物としてのからだが本来もっている「つながる力」によって、いのちからいのちへと流れが行き来するようなものなのだ、ということでしょう。

　赤ちゃんは、お母さんのおなかにいるとき、当然へその緒によって胎盤につながり、そのオーガニックコネクションでいのちを受けとっています。そしてふつうは、誕生によってマトリックス（母胎、基盤）と物理的に切り離され、有機的つながりはなくなると考えます。ところがブッシュネルは、人間の赤ちゃんは胎盤から離されても、まだ「本当のところ生まれていない状態で、親から切り離されたその子らしい個別性を持っているとは決して言えない」と、大胆にも語っています。赤ちゃんから乳幼児期の子どもは、生まれてから数年の間、胎児だったときと同じように、基盤である養育者との有機的つながりによって、いのちを長らえているというわけです。

　くだものの実は、母胎である果樹の幹にくっついているからこそ、そこで大きくなって、収穫のとき（切り離されるとき）を迎え、ようやく1個の果実となります。まさに同じように、子どもにも個別の人格をもつまで養育者にくっついているオーガニックコネクションの時期があり、その時期の子どもは、マトリックスとのいの

ちのつながりを離れては成長することはおろか、生きることもできない存在なのです。ブッシュネルは、その時期の子どもを、「身体的にも、知的にも、性格的にも、意志することにおいてさえ、有機的関連に依存し、その有機的なプロセスのなかに萌芽として存在する」ものだとしています。

　だとすると、子どもの育ちは、まさに有機的につながっている幹、つまり養育者頼みであることになります。子どもがどのように生き長らえるのか、子どもの生のすべては、「誕生後の親」にかかっているのです。バナナの実は、バナナの木にしかなりません。バナナがバナナなのは、バナナの木に有機的にくっついていたからなのです。にわかに、幼い子どもと関わる人が問題になってきました。マトリックスの性質は、ダイレクトに子どもに流れ込むのですから。

　子どもにとっての誕生後のマトリックスは、母親や家庭での養育者であることが多いですが、産休明けから保育園で育つ子どもたちが増加していることを考えると、主に0-3歳児の養育をになう保育者も、子どもにとってオーガニックコネクションの相手だといえるでしょう。

　そこで、キリスト教で子どもを育てようとするならば、まず、マトリックスの側を支えることが重要となります。キリスト教の教育は、誕生後の子育てをになう家庭と親たちを全力でサポートすること、乳幼児の保育をになう人たちを温かな養育者として養成することに、もっともっと真剣に関わらなくてはいけないのだと思わされます。

　ブッシュネルは、このようにオーガニックな結びつきに依存し、親の意志のなかで子どもが存在する時期を、だいたい誕生から3

54

歳ごろとして、「刻印の時期」(the age of impressions) と呼びました。
そして、その時期のニックネーム（別名）が、「プラスチックエイ
ジ」(plastic age) です。

　プラスチックは、工学用語としては、わたしたちに身近な「プラ
スチックごみ」として分別する合成樹脂でできたものを指しますが、
ブッシュネルがここで「プラスチックな年代」として使っているの
は、物理学で言われる「塑性の（可塑性の)」、「思い通りに形作ら
れる」の意味のほうです。また、プラスチックの物理的性質である、
「塑性」とは、「固体にある限界以上の力を加えると連続的に変形し、
力を除いても変形したままで元に戻らない性質」のことだそうです。
つまりプラスチックな年代の間だけは、変わり続けることができる
けれど、それ以降は、そのときについた型のままになるということ
ですね。

　キリスト教養育において、乳幼児期の子どもは、誕生後の親、養
育者や保育者によって刻印づけられ、型の通りに形成されていく年
代だというのです。「ロウが印に押されるままに刻印づけられるよ
うに、大人の感情や接し方のあらゆる様式が、そのまま乳幼児の生
活をつくりあげる要素となり、乳幼児はただそれを受けとめるしか
ないのである」とブッシュネルは述べています。

　プラスチックエイジの子どもたちにとって、自分のいのちの世話
をしてくれる、身近な頼り（マトリックス）である養育者・保育者
のあり方、やり方（様式）が、そのまま子どもたちの鋳型となって
いくということを、わたしたちは心して考えなければならないと思
わされます。「聖霊の鋳型」とブッシュネルが呼ぶ、神の愛と力が、
まず保育する者にとって必要となるゆえんです。また、0–3 歳児の

保育、周産期から乳児期の親や家庭での養育は、プラスチックエイ
ジに関わる働きとして、特にキリスト教教育の最重点課題であるこ
とがわかります。
　実はわたしたちも、乳幼児期の親子や家族といった最初の人間関
係が、その後の人生を左右することに気がついているのだと思いま
す。けれども一方で、親子関係が極めて緊密な保育・養育期に、他
人の家庭内での関係に関わっていくことを、わたしたちは躊躇して
しまうのではないでしょうか。もちろん、それぞれの家族のあり方
は多様で、他者が踏みこめないこと、になえないものはあります。
けれども、それは、大切な親子関係や家族の問題を冷たく突き放し
て、無関心でいいということではないはずです。キリスト教である
からこそ掲げられる、一般社会にない価値観・教育観をもって家
族・親子に関わり、イエスさまの優しい養育にならってその大切な
関係を支えることが、今わたしたちに求められているのです。

第 **4** 講

「信仰の成長」をみまもる

信仰って、生きることだから

　わたしは、勤務する聖和短期大学保育科で「キリスト教学」という卒業必修の１年生の授業を担当しています。学生の多くが、保育を学ぶためにここに入学したのになんで「キリスト」なん？と正直嫌だったと、学期末のレポートの冒頭で告白してくれます。うれしいことにその後で、授業を受けてそれは変わったよと言ってくれるのですが、はじめに敬遠していた理由として本人たちが書いているのは以下のようなことです。宗教は怖いものだというイメージがあり関わりたくなかった、今までキリスト教の中身を学んだことがなくて、よく知らないまま勝手に誤解していた、聖書とかってやたら難しそうで大昔の話だし、ぜったい自分にはわからないと思って

いた……など。

　わたしが、キリスト教大学で必須の「キリスト教学」を教え始めたのは、もう20年以上前なので、当初は、宗教が危険で怖いという一般的な学生の拒否反応を、オウム真理教をはじめとする社会のアンチ宗教感情の反映だと考えていました。でも少し経ってからは、いや、こんなふうに思うのは宗教への至極まともな反応なのだと、若い人たちのセンサーのよさに毎年感心しています。そもそも宗教は、ある意味でアブナイものですよね、人生をかけたりしちゃうんですから……。

　大学でのキリスト教の授業は、キリスト教信仰を押しつけるものでも、伝道するものでもありません。「みんなの信じる気持ち、信仰は、ぜったい人から強要されてはいけない大切なもので、あなたの自由だからね」と、いつも授業のはじめに伝えます。でも、キリスト教って宗教なので、その宗教には「信じる」「それを信じて生きる」という部分があって、だから、キリスト教には、単に概念や定義を頭で理解するだけではわからないものが含まれます。それで、「みんなには学校礼拝へ参加もしてもらい、実際に体験することから、キリスト教を信じるというのはどういうことなのかも考えてみてもらいますね」と、伝えるのです。

　宗教は、自分が「知る」「やってみる（触れてみる）」ということなしには、遠くてわからないものです。よく知らないものや自分と関係ない、得体の知れないものを怖いと感じるのは当たり前のことです。それを自分で知っていく──聖書を自分で読んでみて、話を聞いてみて、なんで？と考えてみて、心を動かしてみて、祈ってみて、賛美してみて──キリスト教を自分なりにわかっていくのが

「キリスト教学」の役目なのだと思います。

　神学は Doing なんだと神学の先生に教わったことがあります。
自分で神学するものなのだと。あなたにとって神とはなにか、あな
たはこの神をどう生きるのか、それがあなたの神学なのだと。キリ
スト者であるということは、このように、日々神学しながら生きる
ことなのだと思います。それは、北米キリスト教教育界の第一人者
である J・H・ウェスターホフ（1933–2022）によると、こんな言
い方になります。「私は、信仰という言葉を名詞として理解するよ
りも、動詞的な意味をもつ言葉として理解してきた。つまり、信仰
は、知ること、生きること、意志することを含む、一つの行動の仕
方である。……信仰は一つの活動なのである」（『子どもの信仰と教会』
奥田和弘ほか訳、新教出版社、1981 年、146 ページ）。

　信仰は生きること、つまり、わたしたちの人生の止まらない歩み
のなかで、刻々と変化し続けるもの、動いていくものなのです。だ
とすると、キリスト教教育もそのような信仰の動き、成長、発達、
展開に伴うもの、人がその変化を遂げていくために働くものでなけ
ればならないですね。本章では、信仰の発達段階にキリスト教の保
育・教育がどう関わるのかを、ウェスターホフの著作『子どもの信
仰と教会』──わたしがキリスト教教育学科に入学していちばん初
めに出会った、衝撃的な「キリスト教教育の本」でした──から見
ていきましょう。

それは 1 本の木のように

　「その人は流れのほとりに植えられた木。ときが巡り来れば実を
結び……」（詩編 1:3）。詩編 1 編は、人を木にたとえて、そのあり

方や生きざまを描写しています。同じように、ウェスターホフも、信仰の発達段階を歩むわたしたちを、1本の木のようだと言っています。このたとえは、すごくわかりやすい。

　ウェスターホフは、J・ファウラーという人の信仰発達理論に基づいて、信仰には4つの段階（本書64ページ以降を参照）があり、わたしたちは信仰共同体での経験を通して、それらの発達段階を踏んで信仰を成長させていくと考えました。そして、このように段階的に信仰が展開することを、樹木の生育になぞらえて説明したのです。そこには、木がもつ4つの特徴が用いられています。

①木は、若木であっても大樹であっても完全な木である

　ひとことで「木」と言っても、樹木には、ひょろひょろしたものから、樹齢何百年という大木まで、さまざまな木があります。でも、どの木をとっても、それはその木の今のすべてであって、完全な木だと言えます。たとえひどく細い木でも、それは大木に比べて、「木になっていない、不完全な木」ではないのです。

　同じように、わたしたちの信仰の姿や信仰の成長は、今それがどの段階にあったとしても、そのままでそれは、その人の完全な信仰のあり方だということです。わたしたちそれぞれの信仰のあり方は、他の信仰者や周囲の人と比較して、より優れている、劣っていると言えるものではないのです。たとえば、幼い子どもがもつ神さまへのまっすぐな信頼は、とても単純なものかもしれませんが、その子にとって、今の完全な信仰です。神学的概念への知的理解が浅い段階だからといって、劣った信仰ではありません。

　どの信仰の段階にあったとしても、1本の完全な木であるという

イメージ。それは、成長とか発達というとすぐに優劣をつけて、上位段階に進むことがいいことだと思い込んでしまう私たちに、「いやいやちょっと待って、今の信仰の姿は、その人にとって十二分の信仰なんだよ。まだまだとか、ダメとか言うことじゃない」と教えていると思います。細い梢のような木の美しさも、立派な幹や根っこを張る大樹の姿も、それぞれの木の完全な今であり、神さまの祝福を示すものです。

②木は、適切な環境が備えられたときに成長する

聖和のキャンパスにはナンキンハゼの木があちこちにあって、クリスマスのリースづくりのとき、その白い実を重宝しています。そこでわたしは、カラスが食べごろになった実を落としてくれるのを、通勤のたびに拾い集めているのですが、実の落ちる時期や量は、木によって異なります。ときには数か月の時間差がでることもあって、けっこう長い間、キャンパスの違う木の下で拾い集めることになります。同時に植えられた同じ種類の木であっても、日当たりや風通しの良いところにあるものと、建物の北側などに植えられたものとでは、育つスピードや花や実のつき方などの状態は全く違うわけです。

木は、おかれた環境によって、その成長の仕方を変えてしまいます。水や肥料、風や日光など、生育に必要なものが与えられない環境では枯れてしまうことさえある——まさにその命と成長を、おかれた場所にゆだねるしかない存在です。同じように、子どもたち、わたしたちの信仰も、それを育む場所にゆだねられることになります。ふさわしい環境、経験、そこにいる人たちとの相互の関わり合

61

いがあってこそ、ひとつの段階から次の段階へと変化、成長することができるものなのです。

　このことは、キリスト教教育・保育とはなにかをとてもわかりやすく示してくれると思います。信仰において成長するのは、木である子どもやわたしたち自身ですが、その成長をうながし支える適切な環境をつくるのは教育の仕事、教育・保育に携わる人の働きなのです。ちょうどイエスさまが「わたしの父は農夫である」（ヨハネ15:1）と、神さまを木の成長と結実のために手入れをする農夫（庭師）として紹介されたように、わたしたちも、よい環境を備えるために心をこめて手をかける人でありたいですね。

③木は、ゆっくりひとつずつ年輪を重ねる

　「ジャックと豆の木」や、ヨナ書の「とうごまの木」、トトロがくれたドングリなど、お話の世界でないかぎり、木はふつう一夜にして大木！ということはありません。じっくり、ゆっくり大きくなっていく以外に育ち方がない、二段とばしや飛び級はできないのが、木なのです。このように順を追って徐々に進むことを「漸進的」というそうです。勇ましくて目覚ましい感じの「前進」とも「斬新」とも違う「漸進」は、とても地味で目立ちません。何十年というスパンで、長い目で見なければわからないものです。

　このような木の漸進的な特徴は、まさに、わたしたちの信仰の成長を表すのだとウェスターホフは語っています。急かしてはいけない、待つことが大事なゆえんです。でも、これがいちばん難しい。子育て中の親が、子どもにいちばんよく言うセリフは「早くしなさい！」だと聞いたことがあります。目まぐるしいスピードで動く現

代社会では、「早さ」「速さ」に価値がおかれ、即、成果をだすことが求められています。

　けれども、どんなに時代が変わっても、機械は猛スピードで動いても、人間って1歩ずつしか成長していけないんだ、急に大きくなれないんだと、改めてわたしたちの生の特徴を受けとめたいと思います。キリスト教教育・保育の働きは、ゆっくり1個ずつ経験を積み重ねて信仰を育てていく子どもたち、若い人たちを楽しみに見つめながら、「何年かかってもいいよー」と、どっしり構えていたいですね。

④木は、今までの年輪すべてと共に成長する

　突然ですが、子どもの頃からバウムクーヘンがとても好きです。同じスポンジ生地が薄く重ねられているだけなのに、層がないものとは違う美味しさがある。パイ生地もそうですが、ひとつひとつ生地が積み重なっていることが大事で、それが重層的な美味しさの秘密なのでしょう。木の年輪にも同じことが言えるようです。

　木は、それまでの年輪をすべて自分のなかにもちながら、新しい年輪を加えて成長します。丸太の断面を見ると、全部の年輪が残っていますよね。古い年輪は大昔のものだからもうない、なんてことはありません。それは、新たな段階に進んでも、いつでもその人のなかには前の段階の信仰がちゃんとあるということを示しています。

　ここに、3段階目まで信仰を成長させた人がいるとします。その人はこれまでのどの段階の信仰ももっているので、たとえばいちばん初めの段階にでも、いつでも立ち返ることができます。以前の信仰段階は、単に自分のなかに過去のものとしてあるだけでなく、と

きにそこへ戻ってその信仰のあり方を確認し、繰り返して味わうことで、その人は信仰を成長させていくことができるのです。ですから、信仰の諸段階は、どの層も大事で、ひとつとして欠けてはならず、それらが重なっているからこその美味しさ（成長）をもたらします。

　そこで教育に携わるわたしたちは、ウェスターホフが述べる信仰の４つの段階それぞれをよく理解し、子どもや若い人たちが、信仰を育てていける場所を用意していく——ということになります。

信仰の４段階——キリスト教教育が目指すもの

　ウェスターホフのこの本に出会ってから40年、わたしはキリスト教教育を専門として学び、またその実践に携わってきたのですが、以下に示す「信仰の４つの段階」はいつも心にあって、ことあるごとに紹介してきました。なぜかと改めて考えてみると、それは、この展開がキリスト教教育の目指すところ、目標を指し示しているからだと思います。

　教育や保育の成果は、そこにいる子どもや人々に起こる変化によって見ることができるので、それまでとは違うあり方や、新しい考え・動きがその人に現れるとき、そこに教育・保育がなされたと言うことができます。そのため、教育・保育において目標、めあて、ねらい、ゴールはとても大事になってきます。どこへ向けて動いて（変わって）いってほしいのかが、教育をデザインする上で欠かせないからです。

　そして、キリスト教教育・保育の目標——教会や園、学校にいる子ども・人に、それぞれの時期に応じてどんな変化と成長を遂げて

ほしいのか——は、この4つの信仰段階を進むことのなかに表現されているとわたしはとらえています。キリスト教教育・保育のなかで育つことによって、こんなふうに信仰をもち、展開させ、人生を歩いていってほしい。それがイメージできるのが、この4段階だと言ったらいいかもしれません。では、見ていきましょう。

第1段階　経験的信仰（experienced faith）
——乳幼児期の信仰　《からだの宗教》

　信仰ってつくづく、その人自身のものだなぁと思います。なにをどう信じるかは自分にしか決められず、自分で経験してみなければ、そもそも知ることも信じることもできないものです。そういう意味で、だれも信仰を人に与えることはできません。

　「信仰をもつ」とよく言いますが、キリスト教保育をする園やクリスチャンホームで、「キリスト教信仰」というギフトボックスをおもちゃのように手渡したら、子どもはその信仰をもったことになる⁉とはいかないですよね。信仰は見えないので箱詰めにできないし、かりに形にできて、だれかがその子の手に押しつけたとしても、それを自分の大切なものとしてもち続けていくかどうかは、その子自身が決めること。そしてその決心をするかどうかは、自分の経験だけが頼りということになります。

　すごくやわらかくて、さわっているとそれだけで安心できるタオルケットを経験（からだで体験）した子どもは、それをずっともち続け、その感触を求め続けます。引き離そうとしてもダメ。だって、それが大好きなんだもの。他のじゃダメなんです。キリスト教信仰もそういうもので、すべてはそこから始まる、つまり第1段階は

「経験的信仰」からということです。ウェスターホフは、「人は、最初、キリストを神学的命題としてではなく、感情的経験として学ぶのである」（151 ページ）と述べています。

　子どもたちは——そして人はすべて——知的概念（頭の宗教）ではなく、まず感情的経験（からだの宗教）として信仰と出会います。気持ちが伴った体得的な経験、まわりの人との相互的な経験は、信仰にとって最も基礎的なものです。その経験が自分にとって心地よく、安心や喜びであるとき、それは大好きなものになり、絶対手放したくない生涯のパートナーになっていきます。

　わたしたちは、信仰を子どもに与えることはできませんが、子どもと共に信仰を経験することで、それをわかちあうことはできます。子どもたちが、キリスト教が大切にする「信頼、愛、受容の経験」を実感する環境をつくること、また、わたしたち自身が子どもとの「信頼、愛、受容の経験」を共有することが、このはじめの段階の信仰を育むことになるのです。そしてこの基本は、幼い子どもたちに対してだけでなく、初めてキリスト教と出会う大人にも、極めて大切なことではないでしょうか。

第２段階　所属的信仰（affiliative faith）
——児童期、青年期初期の信仰　《心の宗教》

　経験的信仰のニーズに満足すると、子どもたちは、第２段階である所属的（帰属的・加入的）信仰へと向かいます。この段階の信仰は、まず、自分があるグループに受け入れられているという感覚を必要とし、そこのれっきとした一員であることを求めます。信仰を、「○○のメンバーであること」ととらえる段階です。

　キャンパスの外に電話をかけるとき、わたしはたいてい「聖和（短期大学）の小見です」と名乗ります。「どこの、だれか」は自己紹介の基本。仕事でなくても、「小見のぞみです」と言えば、それは、小見という姓の家に属する、のぞみだということになります。人は、ひとりでは生きられないので、みんな「○○さんちの☆☆ちゃん」から始まって、人生の終わりまで「どこどこのだれか」であり続けます。もちろん自分を社会的に位置づける「どこの」は、どこでもいいわけではなく、生まれながらの家族以外は、「どこの」集団・共同体に所属するかが重要になります。わたしたちは、好きだと思うグループに加入、所属するのです。

　信仰を心地よいものとして経験した子どもは、その経験をさせてくれる場所に親しみを持ち、そのコミュニティとそこにいる人が好きになって、自分がみんなに受け入れられ愛されることを望み、自分も「そこの」一員となりたいと感じます。子ども聖歌隊の隊員だったり、中高生会やゴスペルチームのメンバーだったり。キリスト教学校でも、キリスト教とのよい出会いを経験した生徒たちは、進んで宗教委員会や礼拝係を務めてくれます。これが、ウェスターホフのいう、「明確な一体感をもちうる受容的共同体のなかで、他の人たちと一緒に活動することを求める」（154ページ）という第2段階の信仰です。

　この所属的な段階は、はじめの経験的信仰と同様に、まだ頭（知性）よりも優先されるものがあります。気持ちや感情といった《心の宗教》が基本となる時期、受け入れられている安心感——受容的共同体であること——が重要です。クリスチャンホームに育った子どもにとっては、○○家の子どもから「教会の子ども」になってい

くとき、だいたい就学のころから思春期、キッズからティーンエイジャーあたりの子どもたち、若い人たちを思い描いてください。

　ウェスターホフは、「宗教的感情の優位」が見られるこの段階にあっては、感情の領域（アート、音楽、演劇、ダンス、創造活動、物語など）や畏敬、驚異、神秘の経験が心に響くといい、感情を養うような方法で活動することを勧めています。教会教育が、歴史的に、日曜学校や教会学校という運動や活動として、この時期の子どもたちに関わってきたこともうなずけます。もちろん、わたしたちは昔のやり方に戻るのではなく、今の子どもたちの宗教的感情や心を育てる今の時代にあった方法を考えていく必要があります。

　また、この所属的な信仰の段階では、自分が属する共同体の基礎となる物語や、共同体を活かす伝承、大切にされている生き方を繰り返し聞いて、自分のものにしていくことが課題となります。こうして、その教会（共同体）の基礎となる考えに賛同し、それを自分のアイデンティティのなかに意識化して取りこんでいくことになります。

　どうですか？　いやー、これって、どこかの教会に所属する立派な信者でしょ、信仰、できあがってますよ、と思いませんか？ウェスターホフも、クリスチャンのなかには、この第2段階の信仰でストップし、生涯ここにとどまる人も多いと語っています。うーん、これ以上、どこへ行く？　どこへ行きたい？

第3段階　探究的信仰（searching faith）
——青年期後期の信仰　《頭の宗教》
　ちょうど、思春期のアイデンティティの確立に折り合いをつけた

ものの、大人として社会を生きていく道のりでつまずきをおぼえる
人がいるように、自分の母教会（所属教会）があり、そこの会員と
して信徒の歩みをしている人たちのなかで、「今まで」「従来」よし
としてきた信仰に対して、懐疑や批判をもつ人があります。

　これが、「共同体に依存的な信仰理解から自分自身の信仰理解へ
と移行するために」（157ページ）どうしても通らなければならない、
疑いと問いの時期、探究的信仰の段階です。思索のかぎりをつくし
てたどりつく《頭の宗教》が、《からだの宗教》《心の宗教》と同じ
ように大事になります。親の信仰、教会の信仰を受け継いで信じて
きたけれど、これってわたしの信仰なの？　神さまがおられるなら、
なぜ世界はこんなにも不条理に満ちているの？　この信仰は、社会
にとって意味があるの？……と考えて、にっちもさっちもいかなく
なるのです。

　たとえばわたしは、大学進学により自分の母教会と教派を離れま
した。そのころから40代を過ぎるまで思えば数十年以上、探究的
信仰の段階を放浪していたのではないかとふりかえります。人生を
自分の足で歩いていかなくてはいけない大人として、わたしがよっ
て立つ信仰、神学とはなにかを、さまざまな局面から問われ、探し
続けた期間でした。

　自分の知性と批判的思考に照らして、信じてきた物語の意味を問
い直す——この探究的信仰はとても厄介なことに、実験してみない
と獲得できないという性格をもっています。自分がどっぷり浸かっ
てきた道、母教会の信仰の伝承は、新しく別の道を実際に歩いて試
すことなしに吟味などできません。違う考えを聞いて比較すること、
もっと言うと、他の主張に身をゆだねて別のなにかに自分をささげ

ることを、探究的信仰は要求するとウェスターホフは書いています。

　わたしは探究的信仰の段階にあった間に、生まれ育って20年いた教派と教会から他教派の教会へ、また、留学して日本のキリスト教界から全く異なる文化をもつ米国のキリスト教界へ飛び込むことを経験しました。そうして初めて、わたしが長年親しんできた信仰を相対的、客観的に見ることができたように思います。また、それまでの自分の信仰や神学では解決できない人生の危機——深い断念をもたらす挫折（ざせつ）や喪失（そうしつ）——に直面することになりました（もちろん、もう少し穏やかにこの段階を行く人もいるのだろうと思いますが、探究的信仰は基本的に真剣な懐疑や批判、葛藤（かっとう）を伴うものです）。

　教会の教育力、懐（ふところ）の深さとは、このように歴史的、道徳的、神学的な考察や疑惑をもつ人たちの旅の自由を認め、肯定する度量（どりょう）なのではないかと思います。ウェスターホフは、たとえ二度と自分たちの教会に帰ってこなかったとしても、探究的信仰にある人たちを励ますことは信仰共同体にとって極めて大切なのだと説いています。樹木の性質で言ったように、わたしたちはこの第3段階の年輪を飛ばして成熟した第4段階に成長することはできません。そして、探究的信仰を受容しないことは、共同体全体の成長と成熟を阻むことにつながるのです。

第4段階　自分自身の信仰（owned faith）
——大人期の信仰　《成熟し統合された宗教》

　長い探究の旅の終りに、それまで親しんできた「親の信仰」や「教会の信仰（共同体に依存した信仰）」を超えて見える景色が広がってきます。

　どんな状況にあっても、たとえだれひとり理解してくれなくて
も、わたしはこの信仰によって生きることができると思えるもの、
もう少し踏みこんで言えば、「わたしはこれで死ねる」と思える信
仰、それが、第4段階の「自分自身の信仰」です。英語は、店の
オーナー（所有者）というときに使うowned（オウンド）ですから、「（借り物で
はなく）自分が所有する信仰」「身についた信仰」ともいえるでしょ
う（『子どもの信仰と教会』ではownのもつ「〜を認める［告白する］」
という意味から「告白的信仰」と訳しています）。この段階を歩んでい
けたらいいなと思う成熟した信仰です。

　ウェスターホフによれば、経験的、所属的、探究的信仰の段階を
経て、自分自身の信仰へ到達することは、歴史的に「回心」と呼ば
れてきました。回心は、急激／漸進的、劇的／日常的、感情的／知
的など、人それぞれの様式やプロセスをとってやってきますが、ひ
とりの人の思考、感情、意志、そして行動全体を一変させてしまう
「大いなる覚醒（かくせい）」、人生の根本的な変革です。

　自分自身の信仰をもつ人は、「自らを育ててくれた共同体に対立
してさえも、自らの信仰を個人的、社会的活動においてあらわすこ
とを望み、自己の確信に基づいて生活することを望み、またそのよ
うに生きることができるようになる」（160ページ）といいます。こ
の世にあってこの世に属することなく、福音の要求に応えながら、
この社会のただなかで責任をもって自由に生きる——それは、他者
と結びつきながらも、つねに変革的（ラディカル）で自立的に生き
ることなのだと思います。

　自分自身の信仰は、それまでのすべての段階を年輪のように内に
もっています。そこで、幸いにも4段階目の信仰を身につけた人は、

それぞれの信仰の特徴やニーズを繰り返し経験しながら、4段階目の信仰を生きていくことになります。まさに《成熟し統合された宗教》を歩み、どの段階にいる人たちにも共感的に伴うことができるので、それぞれの段階の信仰教育に深く関わることができるでしょう。キリスト教の成人教育、信徒教育が目指すのは、信徒たちがこのような自分自身の信仰を身につけることなのです。

　ウェスターホフが示した4つの信仰段階を、子どもたちや人々が生涯かけてたどっていけるように、関わり合い、それぞれの共同体を整えていく、それがわたしたちのなすべきキリスト教教育・保育の働きなのだと思います。最後に、ウェスターホフの信仰の成長を、日本のキリスト教教育はどのように受けとめるのかについて思いを少しお話します。

　ウェスターホフは、信仰の段階を子どもの成長段階と合わせて説明していますが、これは、乳幼児のみが第1段階からということではありません。日本ではキリスト教学校で中高生となってから、また、大学で初めてキリスト教と出会う人たちがいます。その場合も、宗教との出会いにおいて、人はまず、居心地のよさや安心感、うれしい感覚、音楽など、からだが経験するものから入るのだということを忘れないようにしたいものです。この第1段階の経験的信仰は、よい感情を伴うものであるため、第2段階の感情的な心の宗教とは密接に関わっています。つまり第1、第2段階の要素をいかに、キリスト教とのはじめの出会いに準備できるかが大切だということでしょう。

　大人になって、初めて教会を訪れる方が、「キリスト教保育の園

で育った」「おばあちゃんがクリスチャンで（家の近くに教会があって）小さい頃教会学校に行っていた」「ミッションスクールで礼拝の係をしていた」「学校の聖歌隊メンバーで賛美歌が好きだった」などと言われることが多くあります。その出会いが幼いほど、若いほど、その場は経験的であり、所属的であったのではないかとわたしは考えています。そしてそこでの楽しかった経験、温かく受容された思い出が、キリスト教の教会を訪ねてみようと思うきっかけとなっていると思えるのです。そして、そこから、頭の宗教、自分の宗教として進む道が開かれていきます。

　聖書科の授業や、大学の講義は、キリスト教が知的に理解されることが、そもそもの目的なのだからということもあるでしょう。教科教育においては、とうぜん教授中心の教育法が用いられますし、宗教リテラシー（社会生活に必要な宗教知識や宗教とのつきあい方）を教えるべきで、伝道するべきでないと言われることもわかります。それでも、キリスト教は宗教であり、宗教は、からだ、心を抜きにしては存在しません。整理しておきたいのは、伝道することや信仰を押しつけることと、体験や感情（からだや心）を大切にすることは、まったく別だということです。授業でも、授業以外のチャペルやクリスマス行事などでも、せっかくのキリスト教や聖書を、生徒や学生にうれしいもの、温かいもの、心動かされるものとして経験してほしいと思います。

　学生の授業ノートや礼拝のコメントに「まじヤバイ、泣きそうになった」「すごくしんどい今の自分にイエスさまが話しかけてくれていると思った」「ぐったり疲れてチャペルに来たけれど、〇〇（お気にいりの賛美歌）を歌えたので元気になった」などと書いてある

ことがあります。「キリスト教学」の授業評価アンケートの自由記載欄には、よく「コミさんがとてもうれしそうに話すので、興味をもった（ひきこまれた／こっちも楽しくなった）」と書いてあるのです。宗教から、からだや心を抜いてはいけない、そう思います。

　教会に行っても、教会学校に行っても、入学したキリスト教学校でも（ときには幼稚園まで？）キリスト教の場が、あまりにも《頭の宗教》教育にかたよっていたら、これはなかなか神さまともイエスさまとも出会えないですよね。また、人生のどこかでキリスト教とのよい出会いを経験をした人が、なつかしく思って教会を訪れたとします。でもその教会で、思い出の中にある優しさのかけらも感じられなかったとしたら、もちろんそこにその人がつながることはできないでしょう。キリスト教信仰をもつ人がとても少ない現実を、わたしたちが行っているキリスト教教育から見直してみる、変えていくことが求められています。

第**5**講

空間をつくりだす——分断をこえる共同の学び場

なぜ「共に」なんだろう

　毎日の生活のなかで、わたしたちは「共に」というスローガンやことばをたくさん耳にし、また使います。共に生きる、共生社会、共同体、多様性をもつ人たちが共に輝くインクルーシブ（包括的）な社会、誰もが共にいられる居場所、神の家族……など、教育・保育の場や、特に人権擁護・平和教育の活動のなかで、またキリスト教の団体で頻繁にキーワードとして用いていることばだと思います。でも、「共に」ってどういうことなのでしょう。

　そもそも、人って、生きるのも、死ぬのもひとりです。人間ってなぁにと考えれば、結局自己中心的でわがままな「自分」という「ひとり」の側面がありますよね。絶対にだれかと一緒にされた

くない、「わたしはわたし」です。けれども同時に、人間ってなぁにと考えると、決して「ひとりでは生きられない」存在です。関係のなかで生み出され、他者との関係のなかで育まれ、人との関わりがなければ生きられない、社会的で文化的な「関係としての人間存在」という側面があります。人は、「ひとりでありながらひとりでは生きられない」という正反対の側面をもっている。そこでわたしたちは、ひとりのユニークな自己として「私を生きる」ことと、「他者と共に生きる」ことという、一見矛盾した両方の命題を追いかけて人生を歩くことになります。

　では、そのようなわたしたちにとって教育・保育の場とは、どういうところでしょう。そこは、個性を持ったひとりひとりが集められた集団・共同体ですから、この人間の矛盾する課題が、日々体験される場所であるということができます。ひとりひとり異なった自己が、そこに集まった他者と出会い、関わりのなかで生きること、共生を学ぶ場所ということになりますね。

　教育は「共育」だと言われます。教育の働きというのは、そもそも単独ではありえない、なしえないものですから、「共同性」や「共に」は、教育・保育にとって必要不可欠な成立要素です（あまりに自明のことすぎて、ふだんあまり意識していないかもしれませんが）。わたしたちは、他者から学び、他者との関わりのなかでしか自分を育てることができません。そこで、ひとりひとりが損なわれることなく生き生きとしながら、共に生きられるという真の共同性が教育・保育の場に求められている。共同性、それは教育の最大の関心事であり、それがなければ教育ではないといえる軸のようなものだと思います。

　ところが、わたしたちの教育現場は今、その共同性や共感力を育む場所ではなく、「共に」とは正反対の分断や孤立を生む場所となってしまっていると、スピリチュアリティや社会変革に関わる米国の活動家、教育者であるパーカー・パーマーは述べています（『教育のスピリチュアリティ　知ること・愛すること』小見のぞみ・原真和訳、日本キリスト教団出版局、2008 年）。その組織に人は集まっているけれど、それは「つながり合う共同体」ではなく、それぞれが個別な知を求めるバラバラで「孤独な群衆」にすぎないのではないか。そして、その現実こそが、教育現場を覆うもっとも深刻な傷、「分断の痛み」なのだというのです。教室や職員室で隣に座る人は、競争や比較の相手となり、些細な違いで排除やいじめが起こる、それが今の教育現場ではないのかと。

　では、キリスト教教育・保育という宗教に根ざした営みにとって、共同性はどんな意味をもつのでしょう。宗教というものにも、「個」と「共同」という２つの側面があります。社会学者の橋爪大三郎は、宗教とは社会生活の場面で「どうしても解決がつかない個人的な問題の救済を課題としている」にもかかわらず、非常に逆説的に、「一人ひとりの救済という個人的な動機や課題を、もう一度公共化する」と述べています。つまり、極めて私的で個別な問題を、他人との関係の場に投げ返し「共同で乗り越えていこう」とするのが宗教なのだと言うのです（竹田青嗣・橋爪大三郎『自分を活かす思想・社会を生きる思想』径書房、1994 年、220 ページ）。

　どんなに「私」にとって意味のある体験や概念であっても、個人の考えにとどまる限り、それは「思想」にすぎず、人びとに共通の救いにはなりません。そんな考えもあるね、というだけのことで

す。わたしにとっての真実が、あなた（他者）にとってもその通り（アーメン・真実）であると共有されるとき、それは、はじめて信じるに足る「宗教」になるのです。イエスも「あなたがたのうちの二人が」心を合わせ、「二人または三人が」集まるところにおられると言われています（マタイ 18:19–20）。共同性は、宗教においても不可欠であり、宗教が宗教であるゆえんであることがわかります。

　パーマーは、それを「宗教的な伝統は、他では見つけることのできない希望を与えてくれる。なぜなら、宗教的な伝統はすべて、私たちが再び結び合わされることに究極的な関心を持っているからである」（『教育のスピリチュアリティ』9 ページ）と述べています。宗教は、「共にあること」、バラバラに分離されたものが「結びつくこと」、つまり共同性を最大の関心事として、共同的な性格をもち、そこに集うわたしたちをつながり合う存在へと変える希望だというのです。

　分断が進み、自分（自国）と他者（他国）との間に高い壁が築かれていく今の世界と社会のなかで、わたしは、孤立と疎外を生みだす教育ではなく、宗教教育を掲げます。なぜなら、キリスト教教育で、キリスト教保育で、子どもたちと、人々と、自分自身と、世界と切り離されずにつながりながら、共にあることによってしか学びえない真実を学んでいきたいと思うからです。

教えるとは空間をつくりだすこと

　わたしがパーマーのこの本 P. J. Palmer, *To know as we are known: A Spirituality of Education*（1983 年、原題：知られているように知る——教育のスピリチュアリティ）に出会ったのは、留学中の 1989 年のこと。キリスト教教育とはなにか、それはどんなことばで言い表せる

のかを問い続けていたわたしにとって、答えのひとつをようやく見つけたと思える出会いでした。どうしても日本語で、教育に関わる多くの人に読んでもらいたいと思っていたのに、『教育のスピリチュアリティ』を邦訳出版できたのは 2008 年、帰国して 20 年近くも経ってからでした（1993 年に刊行された改訂版を翻訳）。仕事が遅すぎるとつくづく思います。

　けれども、パーマーがこの本で語っている教育の現実と課題は、時代が進むにつれて、かえって重要になってきたように思えるのです。さらに、翻訳出版から 15 年が経とうとしている今でも古くならず、今日の教育・保育現場の問題や目指す方向、教育の本質を問う姿勢がここには示されている──それはこの著作が、2 年間、隔週でもたれた、パーマーとヘンリ・ナウエン、ジョン・モギャブギャブの 3 人が過ごした「友情と探究と祈りの小さな共同体」から生み出されたものだからなのだと感じています。「共同の学び」が生み出したものの確かさ、そこにある変わらない真実とでもいえるでしょうか。

　パーマーが語る霊性の教育哲学の全容は、せっかく訳したのでそちらをゆっくり、できればだれかと共に語り合いながら読んでもらうとして、ここでは彼が提示した教育の定義──教えるとはなにか、すなわち教育に携わる者がなすべきこととはなにか──を見てみましょう。パーマーによれば、それは「真実の共同性を実践的に学ぶ空間を創り出すこと」です（12–13 ページ）。

　教育とは、そこに集う人、つまり子どもや学生同士が、生徒と教師が、この世界にある主題（subject）をめぐって（交えて）、互いに切り離されず、関わり合い対話する空間を創造していくことである。

このパーマーの定義は、わたしにとって、教育者の役割をはっきりとイメージさせてくれる道しるべとなるものです。

①主題

②生徒（子ども）　　　　　　　③教師（大人）

　例えば主題が「聖書」（もちろんこれが「数学」でも「歴史」でも「人生」でもかまいません）である場合、①この世界、社会と切り離されない課題としての聖書と、②この世界に今生きている子どもたち、学生たちと、③固有な信仰と経験、知識、感情をもって生きるわたしという教師。この三者が三つどもえでお互い同士と真剣に向き合い、対話を交わし、それぞれの語りと関係性から、真実を学び合い気づき合う空間（教室）をつくることが教育者の働きなのです。
　このように教育を、人と人を結ぶ共同性を学ぶ空間づくり、人と世界とのつながりを身につける場づくりと考えてみると、教師・保育者としてするべきことが見えてきます。わたしたちの教室、保育室、職員室、園、学校、教会は、そのような空間としてつくられているかを検証することもできます。このような教育の場づくりは、そこにいる人たち（子どもたち）が、反目し合い、それぞれ孤立することを越えて、主体的、共同的に学び、共感性とつながりを取り戻すことへと進む道なのだと思います。
　みなさんの教育・保育の場は、そこにいるすべての人たちが、十分に息をして、自分自身と、他者と、世界と、学ぶべき主題と、真

実を求めて本音で語り合い、考え合えるところになっているでしょうか。共感し、結びつき、愛し、お互いに学び合う「共に」が実践されている場所でしょうか。だれひとりとして、支配されている人、はじかれている人はいないでしょうか。

　教育というのは、非常に文化的な営みです。その教育を実践している母体（共同体）、場の文化が、その教育を決めています。その園、ここの教会、この学校、そのクラス……だから、その保育、この教育がなされているのです。ですからその教育共同体、あなたの居るその空間が「どのような場なのか」「どんな場にしたいのか」を意識してつくることが大切になってきますね。環境設定、クラス運営、保育・授業カリキュラムから建学の精神にいたるまでを、教育・保育共同体、信仰共同体の空間づくりととらえ、その場で働く教職員が一丸となってその作業に関わっていきたいものです。

どんな空間をつくるか──5つの教会モデル

　では、一般教育と異なるキリスト教教育・保育において、つまり、キリスト教的な、キリスト教の教育共同体づくりとは、実際どのような特徴をもつのでしょうか。それを考える際、参考になるのが、エヴリー・ダラス（Avery Dulles）という人の『教会のモデル』（*Models of the Church*, 1976　翻訳なし）という本に紹介されている5つの教会モデルです。

　一口に「キリスト教の教会」といっても、大事にしていることや聖書のとらえ方、人間や神さまをどのような存在と見ているかなど神学の強調点は異なり、それに伴ってつくられた共同の場（教会）も色々な特徴、性格をもつことになります。それを傾向別に5つ

のモデルにグループ分けしたのが、カトリックの神学者であるダラスでした。

　ダラスが示したのは教会のモデルですが、キリスト教信仰を基盤（ベース）にした組織（FBO：Faith Based Organization）であるわたしたちのキリスト教教育・保育の場は、これに準じて考えることができると思います。そこで、教会の5つのタイプがそれぞれどんな考え方によって共同体（組織・団体）を形成しているのかを紹介し、それをキリスト教の教育共同体にあてはめると、どのような空間づくりとなるのかを考えていきましょう。

① 制度としての教会　The Church as Institution（インスティテューション）

　1番目のタイプは、制度的な教会で、その代表にカトリック教会があげられます。「あらゆる教会は、明確な組織上の特性をもってはじめて、その宣教の業を強力に推し進めることができる」との考えから、組織や制度を重視して教会をつくります。教会に託された大切な福音を、代々（だいだい）、人々に受け渡したいと強く願うなら、強固で変わらない組織が必要となります。そのために制度や体系が整えられ、秩序や伝統を保つために正統性が重視されます。正統性を保守するために、規則や法などの制度や、組織をまとめる統率力（とうそつりょく）が強いリーダーシップが求められることになります。

　制度的教会の牧会者・指導者の呼称（こしょう）やイメージは、Governor（ガバナー）（統制・管理する人）と Clergy（クラージー）（聖職者の身分を持つ者）ですから、人々を教え、聖別（せいべつ）し、さらには統制・監督する役目をにないます。指導者には、教義についての知識の量や、神の権威を表す威厳ある態度、審判者としての振る舞いなどの「先生らしさ」が求められるわけで

す。こうして制度的な教会は、正しいことを、先生が教えてくれる場所となります。日本ではエクレシアを「公会」ではなく、「教会」＝「教える会」と訳してきましたが、制度的なタイプの教会は、まさに教育的な「教える会」だと思います。

わたしは以前、ある教会でキリスト教教育主事を務めていました。その教会で就任式をしてくださったときのことです。歓迎会のなかで、初対面の信徒の方々が「先生、教えてください」「どうぞご指導ください」と口々に言われました。わたしはそのご挨拶をお聞きした後、「本当に申し訳ありませんが、わたしは先生ではありませんし、教えません」と言いました。きっとみなさん、どうしてこんな人を「教育主事」として雇ったのだろうといぶかしく思ったでしょう。

日本の教会では、信徒は「先生、教えてください」とよく言います。教会の指導者が、あるいは教会の側が「教え」の内容や「正しいこと」を知っており、「権威」を持っている。それを先生が生徒に一方的に教えるという、上下関係がはっきりしたこの型は、年長者への尊敬（孝、長幼の序）や上に立つ者への従順（忠、君臣の義）を重んじる、東アジアの儒教的伝統を習慣化してきた日本のプロテスタント教会にも、広く深く浸透しています。このような共同体では、そこに来た人たち、すなわち信徒や子どもたちは、「教えられる者」となります。知的に学び、従順に聞くべき存在なのです。

こうして、制度的な教会の教育は、聖書の教えや教会の正しい信仰を教授する信仰継承者教育が中心となります。FBOにこの型を当てはめると、ルールに則り、組織の体制側、管理者側に立つのが教師であり、保育室や教室で「先生」が権威や力をもってその場を

監督・指導するタイプといえるでしょう。みなさんがおられる場は、このタイプを強く持つ共同体でしょうか。儒教的な教えが人間関係に浸透している日本で、学校などの教育系の組織、団体であれば、この要素はかなり強いと考えられますが、教室ではそうだけれど、チャペルやクラブなど別なタイプの場を設けてバランスをとっているというところもあるかもしれません。

② 霊的交わりとしての教会
The Church as Mystical Communion

ダラスが分類した2つめは霊的交わりとしての教会です。教会は、社会にある他の組織のように利害関係にもとづいてつくられた組織ではなく、神の力、聖霊の恵みによって神秘的に形成されていると考えます。教会を結びつける聖霊が非常に重要視され、メンバー相互の、またキリストにおいて神との親しい関わりがとても大事にされます。このモデルは公の「社会」に対して、非公式で親密な「コミュニティ」であることを大切にしています。いわゆる、「私たち」と言い表されるようなグループです。ところがそれが形成され、その交わりが深くなっていくと、逆説的なのですが、共同体全体の徳を個別の徳に優先させることをいとわない関係にまで発展していくことがあります。

わたしが最初にこのタイプの教会を意識したのは、海外にある日系教会でした。留学中にシアトルの日系教会の英語部で夏期実習をしていたとき、そこにある非常にタイトで温かい交わりを経験しました。ウィークデイの午前中などに集まって、家庭の悩みとか個人的な話を持ち寄り、みんなで祈り合い互いの問題を共有します。み

な奉仕熱心で、「ここには自分が属するグループがある」という思いになれる教会です。

　日本でも、若い人や子育て世代が大勢いる教会はこのタイプが多いように思います。非常に霊的で、個人的な悩みを持ち寄ることができ、一緒に祈ってくれる友だちがいます。また、個々のカリスマ、つまり賜物とか恵みをとても大事にします。自分の時間をささげ、ゴスペルのグループなどに入り、土曜、日曜に教会に入り浸って過ごすといった教会生活を送ります。こういう教会は、温かくフレンドリーな雰囲気です。ここでの教育は主に「養育」であり、指導者は養育者、牧会者（羊飼い）です。人々と共同体全体をケアし、メンバーそれぞれをいきいきと活性化する援助者としての役割をにないます。この際、典礼などの宗教儀式を執り行う祭司としての役割は、二次的なものと考えられます。教育のタイプからして、養育するものと養育されるものを区別することより、メンバー相互の参加や関わりを大事にします。メンバーそれぞれに与えられているカリスマ、賜物を持ち寄って仕え合うことが、達成されるべき養育目標となるのです。そこでは、学校や家庭、社会のなかで傷ついている子どもたちや若い人たちが、自分の温かい居場所だと思えるような場所づくりこそが教育の働きであるととらえられます。集う人たちがなにかを教えられるというよりは、ひとりひとりが受容され、主体的に参与できることが重要なのです。

　ただ、こういう教会では、「神さまと私」という霊的個人主義が強調されることで、教会の秩序や一致との葛藤、矛盾が生じる場合があります。また、聖霊の力の強調によって、人間の努力や宣教への動機づけが軽視されます。「仲良しネットワーク」にのめり込み、

いつのまにか、私的な交わりを守っていくためには自分の生活や家族を犠牲にしてでも奉仕を行っていく教会絶対主義に陥り、聖霊経験を求める熱狂主義を呼び起こす結果を招きかねないという短所をもつのです。

　イエスがいなくなったあと、最初に教会ができあがったころのことを、レイモンド・E・ブラウンは『旅する教会——使徒たちが遺した共同体』（石川康輔監訳、ドン・ボスコ社、1998年）という本のなかで語っています。これを読むと、当時からすでにいくつかのタイプの教会が存在していたことがわかります。そのなかで、ヨハネ共同体といわれる教会は、まさにこのタイプです。教会が形式化、組織化されつつあった1世紀の終わりに、「個人的なイエスとの関係」を強調した教会で、権威主義や祭司主義の覇権争いを退け、本当に温かい「共同体のメンバー間の平等主義」を掲げた特異な存在であったといいます。弁護者である聖霊の内在という神学的豊かさをもっていたわけですが、集団性というユダヤ的な文脈を抜きに個人の救いを求めていく傾向をもち、礼拝も宗教儀式も必要としない、教会抜きの敬虔主義に陥っていったとされています。自らの教会論におぼれ、イエスとの親しい交わりがタイトであるゆえに、他の人たちを排除する排他的集団になってしまった。ブラウンは「ヨハネの教会論は、新約聖書の中で最も魅力に満ちたものです。そして悲しいことにそれは最も不安定なものでもあります」（226ページ）と書いています。

　わたしたちのキリスト教教育・保育の場では、このタイプの空間づくりはどうとらえられているでしょうか。キリスト教のコミュニティやネットワークをつくるとき、第2のモデルがもつ要素は欠

かせないものです。けれども、この温かい聖霊の交わりは、空間づくりにおいていちばんの魅力でありながら、それだけになってしまうと危険でもあることに注意する必要がありそうです。

③ サクラメントとしての教会　The Church as Sacrament

　３つめのタイプは「サクラメントとしての教会」、聖礼典型、礼拝共同体型の教会です。教会は「神の恵みの現存＝見える実在」であり、サクラメントそのものであると考えます。この教会の概念は、20世紀の多くのカトリック神学者たちが支持しているものだと言われています。神と人はサクラメンタルな教会において結びつけられる。教会は社会のなかで目に見える宗教的儀式、礼典を行う場（礼拝共同体）であることによって、神と人間を結ぶ仲介となる、という考え方です。人間の個人的霊的な恵みの生活と、世俗的社会的制度としての教会というものを調和させるところに、サクラメントを置いています。

　ですから、教会のなすべき最高の業は、この世の教会と霊の世界を結ぶリタジー（礼典・宗教儀式）を執り行うことにほかなりません。特にカトリックの場合、ミサと呼ぶのは、聖体拝領という儀式（サクラメント）を含むものだけです（プロテスタントでは、お祈りや聖書など、ことばだけでも「開会礼拝」「職員礼拝」など「礼拝」の呼称を使い、聖餐式が行われなくても「礼拝」と呼びます）。つまりカトリックでは、イエスのからだ（聖体）を象徴するパンを、食べる（自分のからだに取り込む）という宗教的な行為が、礼拝の中心であり、教会の中心にあるのです。

　このような教会では、サクラメントは、見えない恵みの見える表

現として「しるし」であるとともに、それ以上のもの、すなわち見えない恵みの実在そのものであると考えられます。これは強調されすぎると、「礼拝こそがすべて」という考え方、サクラメント至上主義へと発展する危険があります。

　サクラメントとしての教会では、人間は、ことばによる教えや知識、概念といった「頭」による知だけでは生きられないものだと理解されています。同時に、聖霊の働きによる神との交わりといった感情や「心」の思いだけでも生きられない。頭と心の両者を合わせもったとしても、なお不十分な肉なる「からだ」をもってこの世に生きる存在である人間が、目に見えない神と結び合う場面はサクラメント以外にはないのだ、と考えるわけです。からだをもった人間全体の贖いが成しとげられる場所として礼拝（ミサ）があり、受肉の恵みが教会の究極的な本質であると考えます。

　このように、本来サクラメントはコミュニオン（聖体拝領・聖餐）を伴うものですが、教育に引き寄せてこのタイプの主張を考えてみると、少し広い意味で礼拝や祝祭、シンボルを通して経験的に教育を行うというあり方ではないかと思います。学習者は礼拝者としてとらえられ、教育目標は礼拝者、つまり恵みへの応答者としての成長・成熟になります。礼拝を非常に大切にし、体験的に一緒に祈り、賛美し、ささげるという宗教経験を共有することが、教会のもっともユニークな教育的使命となるのです。そこで、サクラメントとしての教会では、礼拝共同体としての空間づくりとキリスト教固有の祝祭の充実が目指されます。

　このタイプは、これまで主にカトリックの主張だとされてきましたが、1980-90年代以降、礼拝や祝祭についての関心は日本のプ

ロテスタント教会でも高まっています。また、ことばや概念が前面に押しだされるプロテスタントの幼稚園・保育園やキリスト教学校などでは、もっと以前から「学校礼拝」「園での礼拝」が非常に重視され、頻繁に、それこそ毎日なされてきました。

　教育・保育の場での宗教経験は、共同体づくりに不可欠であるとの思いからでしょう（本書65ページ、ウェスターホフの第1段階「経験的信仰」で述べたとおりです）。日々行われている教会ではない場所での「礼拝」を、サクラメントとしての空間づくりの視点から見なおしてみることはできそうです。また、厳密な意味でのサクラメントを執行する場である教会との協働や関係性が必要であることを改めて考え、つながりを具体化していきたいものですね。

④ 伝達者としての教会　The Church as Herald

　4番目は「伝達者としての教会」です。これは宣教型（The kerygmatic model）と呼ばれるもので、教会を神の言の使者・伝達者であると考えます。なにより重要なのは「言」であり、その後に「礼典」という優先順位なので、③でとりあげたサクラメントすら、「拡大された神の言」「目に見える言」として位置づけられます。また、②の恵みによる霊的交わりよりも、宣教（御言葉を宣べ伝えること）と個人の信仰告白が強調されます。神学的関心の中心は、神の言である「イエス・キリスト＝救い主、贖い主」というこの教会理解は、プロテスタントの多くの神学者たちに支持されてきましたので、プロテスタントの教会を知る方には、あまり説明しなくてもなじみがあると思います。

　宣教型の教会の至上目標は、神の言の伝達であるため、教育は、

宣教という目的の手段だと考えられます。「教育的伝道」ということばが生まれるほど、教育は、宣教のひとつの方法論になります。神の言がなにより大切なので、礼拝重視といっても「礼拝＝○○先生の説教を聞く時間」であったりします。日曜日に教会まで来たけれども説教者の名前と説教題の看板を見て、今日は止めようと帰る人がいるといった感じです（実話です）。ここでの指導者は、神の言をとりつぐ者ですから、よい「説教者」、聖書を教える「教師」であることが求められます。

　教育内容や教育方法は聖書のことばを伝えることであり、この場合、教育は個々の未信者が神の言を受け入れるようになる過程に限定、もしくはその時期に重要視される傾向があります。学習者は、基本的に、聞いて信じるようになることを求められている聞き手で、聴衆です。信徒になってからの教育は、学習者（信徒）が神の言の語り手として育っていくための訓練となるわけで、証しする会衆の形成が目指されます。

　このタイプでは、すべての人間は、神の言を聞く必要のある「罪深くて、救われなくてはならない存在」であり、個々に神の言であるイエスを主と告白すること、すなわち神の言への従順が求められます。一方、神の言を語る教職者は、その人個人が権威主義者でなかったとしても、説教者であるがゆえに、聴衆である信徒とはっきり区別され、神からの一方的な贖いを宣言する権威ある者にならざるをえません。こうして、教師と信徒の上下関係は強く固定されます。

　このような「贖い」中心の宣教や人間の罪の強調は、カトリックの神学者であるダラスからすれば、非常に否定的・悲観的な人間理

解を示すものとして映るようです。救われなければならない存在としての人間理解を前提とする考え方であり、頭での知的理解だけが重要視され、人間全体の成長や変化、被造物としてのありのままの美しさや完全性、互いの愛や受容といったものは二次的で軽視されていると言います。

　けれども、ほとんどの日本のプロテスタント教会はこのタイプではないでしょうか。特にプロテスタントの教育・保育系の組織では、創立者や先達もこの④の影響を非常に強く受けてきたとわたしは思っています。異教社会のなかで、まずは、キリスト教固有の概念をことばによって教え、伝えなければならなかった事情は、痛いほどわかります。けれども今、社会のなかで公共の保育、教育、福祉をになう組織として、わたしたちはこの宣教型の共同体づくりの長所と短所をよく見極めなくてはいけない。そして、自分たちの教育空間に、④の考え方をどう反映させるのか、抑えるのかを検討し、自分たちのミッションステートメント（使命、理念）を、それこそ言語化して作文することで明確化してみてはどうかと思います。

⑤ 僕（しもべ）としての教会　The Church as Servant（サーバント）

　5番目の「僕としての教会」は、ディアコニア、奉仕型の仕える教会です。他の4つの教会が教え、聖別し、管理し、交わりに招き、伝えるなどの主体としてこの世に存在するのに対して、このモデルはこの世界に向かって、聖なる権威的な教会という立場で向き合いません。教会は、社会における崇高（すうこう）で優位な場所として存在するのではなく、現代の人々が生きている不条理に満ちた社会のただ中に存在する。教会が建っているその地こそが、教会が働き、仕える場

所なのです。ダラスは、5 の型を新しいイメージをもつ教会として紹介しています。

　教会の歴史のなかで、今ほど教会が自分たちの内側のことがらに執着（しゅうちゃく）して、社会のなかで影響力をもたなくなった時代はありません。教会は外に向かって、権威ある教えを伝えていくという状況ではなく、教会内での政争や権力争いに終始しながら、外の世界には影響力や発言力をもたなくなったわけです。そんな教会が、現代を生きる人々に、どう伴い、どう関わるのか。それを考える上で、5つめのモデルは非常に大切な指針となるのではないでしょうか。

　このタイプの教会は、ことばによる神の国の宣教から、具体的な働きによる宣教へと、関心や活動を移しています。すなわち、和解の務めや傷つく者との連帯、苦しみに寄り添う奉仕、いやしなど、世界と人々が求めているニーズを、具体的な行動によって実現していく「人々（他者）のための共同体」として自らを位置づけているのです。

　こういう教会は、内と外、聖なるものと俗なるものとを区別しません。自らを特権階級にしてきた教会のあり方を根底から覆し、最も小さい者のなかに、また僕（奴隷（どれい））の姿のなかにキリストを見出（みいだ）します。そこで、牧会や教育のおよぶ範囲は、「教会」という外枠もはずされ、無制限に世界へと広がります。教会は、僕なのです。差別、暴力、虐待、病気、戦争、災害など、あらゆる苦しみを背負わされた被抑圧者と共に闘い、活動し、支えていくところに教会は存在し、それ故に存在意義があると考えます。

　このようなタイプでは、教育がなされる空間は、社会のなかで人々が生きている場所になります。人間疎外や差別・暴力にさらさ

れている人たちが生きているその場を教育・保育の現場として、その空間を、苦しむ人たちに伴う場所、仕える場所へとつくり変えていくことが目指されます。このような教育を実践する人たちは、仕える者（サーバント）であると同時に、イエスのもたらす自由、抑圧からの解放をそこにいる人たちがイメージできるように預言者的、擁護者的に関わる者といえるでしょう。この空間では、小さく弱くされた被抑圧者である学習者に対して、対話的方法と連帯が用いられると考えられます（本書 20 ページ以下、第 1 講パウロ・フレイレの教育学を参照してください）。

　このタイプの空間形成は、キリスト教の理念をもって人権擁護活動を行う NPO、NGO などに色濃く見られるように思います。そのようなサーバントシップにつながるキリスト教学校や園、施設もあります。ダラスは教会の第 5 の型としていますが、このモデルは、教会がいちばん後れをとっているタイプといえるのかもしれません。

　5 つの教会モデルは、どれかが正しいというものではありません。また、いずれかひとつの型になるというものでもないでしょう。けれども、自分たちのキリスト教教育・保育共同体は、いったいなにを重んじているどんな場なのかを、観察、整理する際の助けになると思いませんか。また自分たちになにが欠けているかをあきらかにする手助けにもなるはずです。そして、このモデルを手がかりとして、それを自分たちなりにミックスしながら、それぞれの場所をどのような空間としたいのか、重心をどのあたりに置きたいのか、これから目指していく理念はなにか……を確認することができればと思います。

　教会はもちろん、教育という務めだけではなく、宣教、聖礼典の執行、牧会、奉仕など、豊かで多様な働きをになう場所ですから、さまざまな方法論をもってきました（5つの教会モデルが示すとおりです）。それらの豊かさをぜひ、キリスト教教育の観点から見直してほしいと思います。宣教論から教会を見るのではなく、教育論から信仰を基盤とする共同体を見ることが、キリスト教教育を行う場に求められています。現在の共同体のあり方は、わたしたちが願うキリスト教教育の働きにふさわしいものとなっているでしょうか。それを対話的に問いながら、さぁ、真実な共同性を実践的に学ぶ、ここにしかない空間をつくりだしましょう。

第 6 講

子どもを真ん中にする
——人権教育としてのキリスト教教育

理論と実践、それはいつも両方

　大学の教員というのは「教育」と「研究」を両輪にして働く仕事だといわれます。学生を教え育てる教育に携わるだけでなく、自分の専門とする領域の研究を続けていくことが求められます。逆にいうと、自分の研究だけに没頭して、学生、教職員との関わりをもたない、もてないのもダメということです。教えつつ学び、学びつつ教えるしかない仕事、理論と実践、学問と人間関係を両立させていく職といえるでしょうか。

　そんな「大学の先生」を、わたしはすることになりました。30年近く前、大学の専任教員にという話があったとき、なんとも腑に落ちず、イメージもわかず、断るつもりでいたわたしに、神さまは

いろんな人を使って、この仕事に就くようにと働きかけてくださったことを思い出します。学んだら早く実践したくなり、現場で働いたら今度は学びたくなる。現場での働きとそれを言語化することのどちらも相乗的にしたくなる……。そんな性格のわたしに、神さまはこの仕事を与えてくださったのでしょう。

　キリスト教教育主事として教育現場に関わりながら、大学教員となったわたしは、教育という実践的な働きを進めることと、その実践を根拠づけ、理論的に支えることの両方に関わることになりました。その歩みのなかで、よく聞かれるのが、専門は？研究領域は？という質問です。「キリスト教教育」としか言いようがなく、でもそれって専門というより、わたしがしてきたこと、わたしの仕事だよね……とすぐ思ってしまうため、けっこう小さい声で「あ、キリスト教教育です」と答えている気がします。教育学・保育学は、医学と同じように臨床（実践）を離れては成立しえない学問なので、これでいいのかもしれませんが。

　じゃあ、わたしはキリスト教教育・保育という領域の、なにに携わり学んできたのでしょう。わたしの関心はいつも、社会の周辺におかれた人、弱い立場の人（女性・子ども・高齢者など）の人権擁護やエンパワメントに資する教育、キリスト教人権教育と呼べるものにありました。そんなわたしが、研究生活のなかでほんとうに長い間、追いかけてきたのが、「日本近代宗教教育の父」とされる田村直臣（1858–1934）という人物です。つきあいが深くなり、わたしにとっての田村は、今や「研究対象」などではなく、「推し」と呼ぶのがぴったりという存在ですが……。

　この田村自身が、教育実践を「体系づける」こと（理論化・言語

化すること）の重要性を体現した人でした。田村は、子どものためにだけ生きることを徹底して生涯一牧師を貫いた人ですが、牧会する教会を「子ども中心の教会」として形成し、幼稚園を創設すると同時に、キリスト教教育研究、子どもや教育への理解と学びを生涯続け、自ら多くの著作を書きのこしています。こうして日本の組織的、体系的宗教教育論を構築した田村を、コメニウス（近代教育学を体系づけ、成立させたことから「近代教育学の父」と呼ばれる）になぞらえて、「日本の日曜学校論のコメニウス」と呼ぶ人もいます。

　教育・保育の実践の現場は、日々めまぐるしく、なんせ忙しい。目の前にさまざまな子どもたち、若い人たちがいて、ひっきりなしに問題、課題が起こります。こなさないといけない行事や課程も次々ひかえています。毎日がアウトプットの連続というのが、教師や保育者の現状ではないでしょうか。でも、だからこそインプットとしての学びや、自分たちが実践していることを整理する言語化、意識化が大切ですよね。わたしたちは、毎日全力で力を出し続けていたら、動けなくなり、枯渇してしまいます。仕事から一歩退いて学ぶ。そうして、わたしたちのうちに、現場の実践に根ざしたキリスト教教育論・保育論を対話的に知ることによって、今度はその理論や学びが、現場の活動を、教師を支えてくれるのです。

　わたしは田村直臣という生き方そのものから、またその著作から自分の教育実践を力づけ、方向づける理論を学んできました。田村のキリスト教教育論の全体や詳細は、気になる方には拙著（『田村直臣のキリスト教教育論』教文館、2018年）をみていただくとして、ここではその中核となる「子ども」について、田村が用いた「子どもの権利」と「子ども本位」ということばをめぐって考えてみましょう。

なぜ子どもの権利なのか

　わたしが勤める短大保育科は現在女子のみなのですが、授業で、学校の創立者である女性宣教師たちがやってきた明治の初期、日本では「女性や子どもたちには人権がなかった」と話すと、学生たちは「？」という反応をします。当時の日本は、自分たちが大好きな子どもたちの権利を大事にしなかったとか、わたしたち女性にはひとりの人間としての尊厳や自由がなかったといわれても、「それってどういうこと？」「意味わかんない」となるのです。

　個人の権利よりも「家（イエ）」が重要視されていた時代、たとえば女の子は、生まれたらまず家父長（かふちょう）であるお父さんの所有物とされ、成長すれば別の家の家父長となる夫の所有物へと、家から家へモノのように移動させられる（嫁（とつ）ぐ）存在でした。自分の意志で生きる場所や結婚相手を選べるわけではなく、やりたいことや学ぶことも父親の一存（いちぞん）（ひとりだけの考え）によって制限されたり阻まれたりしていたわけです。

　子どもも同様に、いえ、もっとつらい立場におかれました。子どもたちは、生まれる順番、性別、地域、家、親を選べないのに、生まれ落ちた境遇を背負わされ、子どもであるというだけで、生殺与奪（せいさつよだつ）の権を大人に握られて、親の言いなりに生きるしかない存在でした。あれ？　これって、現代でも変わりませんね。子どもは他者に依存してしか生きられない、社会のなかで弱く小さい者として抑圧され支配され、自分の願いや思いを自由にかなえることなどできない存在であり続けています。つまりその無力さのゆえに、権利を蹂躙（じゅうりん）（ふみにじられ、暴力的に侵害）され、剥奪（はくだつ）されてしまう者の、

いちばんの代表が子どもであるといえるでしょう。

　さて、田村直臣は 1911（明治44）年に日本で初めて『子供の権利』と題した書物を書いたことから、日本初の「子どもの権利の提唱者」と位置づけられています。その本の中身には詳しくふれませんが、田村がこれを、天皇を国体とする大日本帝国憲法の理念の下で、教育が忠君愛国を説く教育勅語によってなされていた時代に書いたことに注目しましょう。つまり、当時の日本は、天皇だけが永久に統治権をもつという日本独自の国のあり方（国体）を採用している国だったのです。ですから、当然主権は天皇にありました。

　神さま（天）はつくられたすべての人に、命と共に尊厳・権利を授けている（賦与＝付与している）という「天賦人権」の思想はもちろんありません。そもそも「権利」なんてことばは、日本人にはなじまないもの、個人が権利を主張するなんて、たいそうわがままで目障りなことだったようです。権利は英語で right といい、それは正義とも訳されます。つまり西欧社会では、ひとりひとりの権利（人権）とは正しいこと、社会正義にほかなりませんが、日本では私（個の権利）を捨てて主権者である天皇に仕える「滅私奉公」こそ正しい生き方とされていたのです。ですから教育の目的は、すべての臣民（国民）を天皇のために勇ましく働く人、有事の際は天皇のために死ねる人にすることでした。

　大人であっても一般の人たちには権利などなかったそんな時代に、田村は、子どもには権利があると語りました。『子供の権利』には、子どもは親の所有品ではなく、生まれながらに「尊い神の子どもである権利を有する」とあります。すべての子どもには、なんと、「人間の子ども」どころではない、「神の子」としての権利が神さま

から与えられているというのです。それなのに子どもは、自分の力
でそのすばらしい権利を主張し、行使することはできない立場にお
かれています。それをいいことに、子どもは「大人より圧制を受け
己の神より与えられた貴き権利を踏みつけにされて居る」のです。

　これは、100年以上たった今も変わらない、子どもという存在の
現実を語っているとわたしには思えます。そして、田村はその真実
を、「子どものチャンピオンであるイエス」から学んだとし、キリ
スト者はイエスの足跡をたどり、子どもの権利を主張し、子ども
の「権利の実行せらるる様に尽力しなくてはなりません」と述べて
いることに共感します。これは、キリスト教信仰を基盤とする組織
で教育・保育を実践しようとするわたしたちへの示唆であり、勧め
なのだと思うのです。すべてのキリスト教の教会、学校、園、団体
……での教育は、イエスが自らの言動をもって示し、弟子たちに託
された「子どもの権利擁護」の働きでなくてはならないのだと。

　「20世紀は子どもの世紀」（エレン・ケイ）といわれた100年
を経て、子どもをとりまく世界は確かに大きく変わってきまし
た。1989年には、子どもの基本的人権を国際的に保障する「児童
の権利に関する条約（子どもの権利条約）」が国連で採択され、日
本も1994年に批准しています。この条約は「子どもの生存、発達、
保護、参加」という包括的な権利を謳った画期的なものですから、
「子どもの権利」に関する大人たちの意識や理解は変化してきたと
いえるでしょう（子どもの権利条約が画期的なのは、単に子どもが守
られる、保護される権利を超え、参加権、子どもの自己決定権を認めた
点にあります）。

　日本ではまた、戦後、主権は国民にあるとする日本国憲法が公布

され、すべての人の「基本的人権」の保障がことばの上で制定され
ました。けれども現実は、田村の『子供の権利』刊行から100年
以上たった今でも、日本は天皇制を保持する「独特の国家主義」の
なかにあるのではないでしょうか。天皇を家父長（頂点）とする天
皇家のあり方を象徴とすることで、父権が支配する封建的（個人の
権利よりも上位の者の身分や権威が保障されるさまや、上の者が下の者
を強圧的に従わせるさま）な家族主義が「日本の伝統である」とされ、
わたしたちの社会を覆い続けています。このような考え方は、キリ
スト教が大切にする個の自由や人格・権利の尊重、民主的な市民社
会の形成を阻む要因となっているとわたしは思っています。

　ここに、祖先崇拝や父権制（家の当主は父から長男に継承される）
という形で、上下（主従）関係や男尊女卑の文化と慣習をもちこ
む儒教の影響が加わります。上に立つ者への従順と忠孝の精神や
「長幼の序」（年齢による序列関係）、父性、母性の役割を固定する
「夫婦の別」など儒教の道徳は、わたしたちの生活のなかに浸透し
ています。それらは書かれた規則や法律でないにもかかわらず、ま
さに不文律として、社会や人間関係を見えない鎖でしばっているの
です。儒教なんて知らないという人も、相手がひとつでも年上なら
自分はその人の後輩になり、中高の部活動などでは「先輩には絶対
服従」だったのではありませんか？　それ、儒教において孟子が説
いた道徳（五倫）のひとつである「長幼の序」が、どこにも書かれ
ていないのに今も意識され、生きている例です。

　こうして、若輩である子どもに対して親や教師、大人は絶対的な
優位と権威をもち、個人よりも公が重んじられます。個の尊厳や人
権より、集団・組織・世間とその面子のほうが優先されるのです。

101

　また、地位の高い人（偉い人、上司）や年長の男性にくらべ、女性
や子ども、若い人たちを軽視する考えが、わたしたちの意識と生活
のあちらこちらに根強く生きています。
　日本国憲法があり、子どもの権利条約を批准していることと、そ
れらの条文が生活のなかで実際に守られていることには大きな隔た
りがあります。とくに天皇制と国家神道に無批判で、儒教的倫理観
を刷りこまれてきた日本では、どんな人にも侵してはならない尊厳
があるという意識や、まして無力で小さい子どもにも自由に意見を
言い、参加できる権利があるなどという権利思想は、育ちにくく非
常に根づきにくい。わたしたちは、残念ながら、そういうところで
生きているという認識から出発する必要があるのだと思います。
　けれども、個人の尊厳や良心の自由がインターネットなどを媒介
として、日々、見えない圧力や暴力によって押しつぶされている今
の日本社会においても、キリスト教の関心は、それぞれにかけがえ
のない人間の回復、そして神と人との人格的な関係（結びつき）に
向けられています。キリスト教は、今、日本社会が必要としている
別の、新たな規範、愛にもとづく人権擁護の思想を提示できるのだ
とわたしは信じています。ちょうど知らない言語（外国語）が、教
育を通して人々に学修されていくように、日本人にとって新しい価
値観であるキリスト教の人権思想や人権擁護への共感は、キリスト
教教育・保育を通して身につけられていくのです。
　とくに人間のなかでも、社会において排除され、弱くされて権利
と尊厳を奪われている子どもは、「最も小さい者」の象徴としてイ
エスの関心の中心にありました。わたしたちは、そんなイエスの
子ども理解を原点モデルとして、キリストによる「子どもの発見」

「子どもの受容」「子どもの解放」に携わり、人権（擁護）教育としてのキリスト教教育・保育の働きを展開していかなくてはなりません。「神の子」である子どもの、あくまでも子ども本位の権利擁護が、それぞれの教育現場に求められています。

最も根本的な希望──子ども本位

　新たな規範となる「子ども本位の権利擁護」と書きましたが、子ども（児童）本位ってどういうことでしょう。まず「本位」という言い方、ふだんわたしたちはあまり使いませんが、辞書をひくと「判断や行動をするときの基本となるもの」と出てきます。「人物本位で採用する」とか「それは自分本位な考えだ」というように使われますから、「……中心」とか「……基準」と言いかえられるでしょう。そこで、「子ども本位」は、大人がなす、あらゆる行為や決定の基準を子どもに置き、子どもの視点をわたしたちの行動の指針にするということです。

　この表現、田村が活躍した時代（明治〜大正〜昭和）には、もっとよく使われていたようです。とくに1920-30年代に盛んだった大正自由教育（新教育）運動では、スローガンのひとつとなりました。先生が教えこむという教授中心、教師主導の画一的な教育ではなく、子どもたち自身の経験や関心を重んじ、子ども自らが自発的に学ぶことこそ大切だとする、進歩的な教育の理念を表すのが、「児童中心」と同じ意味で用いられる「児童本位・子ども本位」ということばだったのです。

　それだけでなく田村は、このことばを自分の一生をふたつに分ける一大ターニングポイントを説明するために使っています。生涯を

103

分けたこのとき、自分は「児童本位・子供本位に転向した」というのです。また、田村の主著とされる書物は、『児童中心の基督教（キリスト）』というタイトルです。つまり、子ども本位・子ども中心は、田村の生き方とキリスト教教育のありようを、最もよく映すことばということになります。

　そこで目指すは、子ども本位のキリスト教教育・保育となるわけですが、それは具体的にどんな教育なのでしょうか。田村が重要視した「子ども本位」の意味を、自身が1912年に思い入れたっぷりで編集した雑誌『ホーム』創刊号の巻頭言（かんとうげん）から見てみましょう。田村がこの記念すべき第1号のトップを飾るにふさわしいとしたのは「子供本位」と題された文章で、その書き手は、日本の幼児教育学の第一人者とされ、のちに東京女子師範学校付属幼稚園の主事（園長）ともなる若き日の倉橋惣三（くらはしそうぞう）でした。

　倉橋は、この文章のなかで、すべて子どものためになされる教育や保育において、「子供本位」こそ「最も根本的な希望」だと書いています。これが最高の理念であり、あらゆる教育的意図の根底にある願いでなければならないというわけです。でも現実はそうなっていない。実際の教育・保育現場、そして日本の社会は、子ども本位を大切にするどころか、「子供不本位主義」がのさばっているとし、4つの「子ども不本位」を紹介しています。ここには、現代にも通じる子ども不本位を招く現実が描かれているようです。

① 事業本位のための子ども不本位

　耳が痛いです。事業の運営に熱心なあまり、子どもがおろそかになってしまうというのです。今日的に見れば、そもそも経営が立ち

ゆかなければ教育も成り立たないのだからと、学校や園、教会学校を「存続させる」ことだけがすべてになってしまう姿でしょうか。倉橋は事業本位が高じると「日曜学校が先か子どもが先か」なんて言いだす始末だと嘆いています。器や入れ物が大事なのか、そこに集う子どもたちが大事なのかをよく考えてみなさいというのです。

　もちろん、事業は大切です。つぶれたら困ります。それでも、事業の存続や設備の充実ばかりに目を向けるのではなく、そこに生きる「一人一人の子供の為にもっと活きた接触をもって」いくことが大切だと倉橋は書いています。子どもを真ん中において直接向き合うという子ども本位を忘れてはならないということでしょう。わたしたちの教育・保育の空間は、事業経営や建物・設備よりも、そこに今いる子どもを見つめ、触れる場所になっているでしょうか。

② 教師の自分本位のための子ども不本位

　熱心な教師ほど、自分の掲げる理想があり、子どもを自分の思い通りにしたいと思うもの——。倉橋はこれを、教師の自己中心的な思いのために子どもが不本位におかれることだと述べています。「我意よりも子供を本位にする」ことが大事なのだと。

　教育・保育は、人（子ども）と人（教師）の関わりのなかに生まれるものですから、そこにはもちろんそれぞれの人格、自分、我意が出てきます。特に、教師のほうの「自分」は、子どもや生徒の「自分」より大きくて力をもっていますから、「教師の人格的感化力」を受けて子どもは育つことになります。倉橋もそれを認めています。でも、ここで注意しなければならないのが、「教師の型」「自分の型」に子どもを入れようとすること。それは教師の思いを本位

にして、子どもが本来もっている可能性やエネルギー（倉橋はこれを「子供の有する潜勢力（せんせいりょく）」と呼んでいます）を押さえつけることになるというのです。

　本当に子どものためを思う教師は、ひとりひとりの子どもに自然に備わっている発達しようとする力を信じて、つい自分本位となってしまう誘惑に対して「恐れ戦（おのの）いて避（さ）くる」のだと。教師と呼ばれるすべての者たちが、心したいことばです。

③ 教育成果を急ぐことによる子ども不本位

　3つめは、結果ばかりを気にする、成果主義による子ども不本位です。これも今日の教育・保育現場に広く見られるもの、というよりは、あらゆる教育機関が国や社会から強く求められているものかもしれません。子どもの「自然」をなにより重視する倉橋は、教育の成果を短い期間に計画し、計算して証明しようとするのは「人工的」だといい、結果を迫るあり方は「過度になれば子供不本位の至（いた）りになる」と述べています。わたしたちがひどく囚（とら）われている教育の「成果」とは、本来なんなのでしょう。

　この項目で倉橋は「教育成果を急いではならない」とくりかえしています。教育の成果というものは、「連続的（ひきつづき）」で「漸次的（だんだん）」得られるものだというのです。この「連続的（れんぞくてき）」と「漸次的（ぜんじてき）」にあえてふられた読み仮名、いいなぁと思いませんか。教育とは、入学・入園を出発点、ゼロとして、卒業・卒園時には100点満点を目指し、それぞれの到達数値を評価するというものではない。その子どもの今は、誕生からずっと引き続いてきたもので、ゆっくりだんだんと大きくなっていく——子どもをそんなふうにゆったりととらえたい

と思います。

　もうひとつこの項目でくりかえされるのが、教育の成果を収（おさ）める
のは、いうまでもなく子ども自らであるという主張です。よい教育
のよい結果を見られるのは、子どもたち自身だけなのだということ
でしょう。「子供自らその収穫を得る」ことを教師は、大人は忘れ
てはいけないと注意しています。主役は子どもです。大人のほうが
教育成果をあげることに汲々（きゅうきゅう）とするのではなく、子どもが将来ゆっ
くりと得ていくだろう豊かな実りを楽しみにイメージしながら、数
字より子どもを真ん中におきたいですね。

④ 子どもの本性を無視することによる子ども不本位

　倉橋は、子どもが本来もつ発達のスピード、その子どもに自然と
備わっている知的、精神的理解の容量、個性などを「子どもの本
性」と名づけ、それらを無視して標準を強いることは、子ども不本
位を招くと考えていました。そこに陥らないために、子どもの容量
を超えて「あまりに多くを与えてはならない」と書いていることは
示唆に富みます。大人の基準でいろんなものを用意しすぎ、与えす
ぎてきた教育現場は、いつのまにか子ども不在、子ども不本位と
なっていたのかもしれません。

　こんな弊害（へいがい）をさけるために、倉橋が勧めているのが、子どもをよ
く知ることです。教育・保育に携わるわたしたちには、「子供の本
性の研究ということが肝要（かんよう）になる」と述べてます。子どもを不本位
に追いやってしまわないために、子どもについて学ぶこと、本来の、
真の子どもとはなにかを探求し続けることが、いつになっても大切、
いえ、子どもだった幼い日から遠く離れていくほど大切なのかもし

れません。

　4つの子ども不本位を紹介した後に、倉橋は、子ども本位ということばは理屈からいえば簡単明瞭、わかりやすいものだが、実際に行うのは容易でないと述べています。今日でも、自分の教育実践や現場を考えてみると、子ども本位はまさに、「言うは易く行うは難し」です。けれどもそれは、難しいからといって後回しにしていいことではありません。そのことを、巻頭言の最後の一文から読んでおきたいと思います。「ただ吾々が子供に対する一切の場合に、子供本位の四字を片時忘れぬ標語として、常に子供に真の幸福を与え度いと希うのである」。

　この「子ども本位」は、子どもと関わる際の原則、大人が大切にすべき態度である「子どものエンパワメント」という概念そのものであるとわたしは思っています。どちらのことばも、共通して、子どものほうを真ん中にする、「主役は子どもである」ことに大人は徹するというスタンスを表しています。それは、どんなに実行が難しくても、教育・保育を実践するときの「最も根本的な希望」、いつも心に命じておくべき理想なのです。

「子ども中心」のキリスト教？

　田村直臣がイエスから学んだものとして提唱する、子どもをありのままで、かけがえのない尊厳（権利）を与えられている存在としてとらえ、それを擁護し、その子どもを中心（本位）としてなされる教育・保育について述べてきました。でも、それがなぜ一般の教育論ではなく、キリスト教教育論なのだといえるのでしょうか。

　その理由のひとつには、子どもの権利という思想自体が、キリスト教の考え方に根ざしたものだから、ということがあります。先述したように、天賦人権の思想がない日本において「子どもには権利がある」と言うことは口先ではできても、実践することは至難の業です。そもそも、子どもの権利という発想も土台もないし、そんなこと本気で思っていないところで、それを本位に教育することなどできないわけです。

　一方、キリスト教という宗教は、その中心に関係性や結びつきの回復がありますから、ひとりひとりの人格や人権は大問題であり、それがあることは大前提となります。特にイエスが世界に示した、ありのままの子どもの受容や肯定、最も小さい者たちにこそもたらされる福音は、子どもや小さい人の育ちに関わる人たちの、いちばん大切な基盤となっていったのです（たとえばキリスト教の思想と人間観、教育観に立って、幼稚園という子どもの園を創始したフレーベルのように）。人権思想と人権擁護への思いは、キリスト教が歴史に持ち込んだものということができ、そのため人権教育も、他の宗教や文化と比べて重要視されて進められてきたといえるでしょう。

　2つめの理由は、田村が主張することですが、キリスト教自体――イエスの存在やその主要な神学――が「神の子として生きる」ことを最大のテーマとした、「児童中心」のメッセージであるととらえられるからです。田村は主著『児童中心の基督教』において、イエスのことを、大人の「救い主」であることは否定しないものの、それよりもなによりも、まず「神の子」として自ら生き、「子どものチャンピオン」として「子どもを愛し給うた主」なのだと語ります。

　晩年の著作において、それはもっとはっきりしてきます。イエスは、共観福音書のなかで自分を「救い主」だと言ったことは一度もなく、ただ「神の子」、天の父に愛される子として、十字架の死に至るまで、ひたすら「天父」（神）とはどのような方かをわたしたちに表していると主張するのです。イエスは決して「神の救いを得るように」とは言わず、「悔い改めて福音を信ぜよ」と言っている。そこでイエスの語る「悔い改め」は、放蕩息子がそれまでの方向から「向きを変える」（方向転換する）ように、わたしたちを愛し慈しんでくださる父のほうへ向きを変え、神さまの家に帰っていくことにほかなりません。また「福音」とは、親にそむいた罪深い子が、悔い改めて父の家に帰るとき、無条件に——仲介者なしに我が家に迎え入れられるという赦しであり、父の家で子として生き続ける恵みのことなのです。

　こうして「子であること」こそキリスト教の福音だと考えた田村は、「イエスは人間をして己は神の子であると自重せしめ」たと言っています。イエスに聞くならば、わたしたち人間は、「帰る実家のある存在」、「天父＝神の家の子ども」、すなわち「神の子」として自分自身を重く受けとめ、認めることを求められている。まさに、「神の子」としての権利、尊厳を与えられた存在として、神の子として生きることに招かれているということでしょう。

　このように田村は、キリスト教を児童中心・子供本位と位置づけ、その神学の中心テーマを「罪と救い」ではなく、「神の子」としての生、あるいは神との「父と子」の関係性におきました。それは、当時も今もある、キリスト者へと回心させ導こうとする宣教的キリスト教教育論とはまったく異なる教育論を示すことになりました。

田村にとってキリスト教教育とは、人間を罪人としてとらえ、そこからキリストの贖い（救い）によって神の子へと reform する（作り直す）ことではなく、生まれたときから死ぬときまで、ひとりの人の一生を神の子として form する（形作る）ための働きでした。罪を強調して、回心による救いへと人を導く救済的・改造的教育ではなく、神との親子関係のなかで人間が子として生きていけるように支える、養育的・形成的な宗教教育を意味したのです。

　今もキリスト教教育・保育の現場には、罪の赦しをもたらすキリストの贖いを重要視する考え方（弁証法神学と呼ばれます）とその宣教型の教育論にそって、人びとを、子どもを信仰告白へと導く、つまりクリスチャンにするという獲得型・征服型の教育があります。これに対して、田村のように、極めてよいものとして創造された人間の尊厳や成長はありのままで受容され、神に喜ばれるものだとする考え方（自由主義神学と呼ばれます）とその養育的宗教教育論もあるというわけです。わたしたちは、今の時代に、キリスト教教育・保育の実践を支える理論として、どのような考えに共感するのか、なにに聞くのかを学び選んでいく必要があるのではないでしょうか。

　わたしは、田村直臣のキリスト教教育論がもたらした最大の贈り物と魅力は、教育を大人による支配・征服型から子ども本位の養育型へと解放したことにあると考えています。キリスト教教育とは、大人や教師が力を使って子どもを操作し、「神の子」へと変えることではなく、「神の子」である子どもをあくまでも主役としてなされる業だと思うからです。

　キリスト教教育・保育とは、生まれながらに授けられた神の子としての権利──赦され、愛され、守られ、尊ばれて生きる権利、す

なわちすべての子どもの人権——を社会のなかで擁護していくことにほかなりません。それは、目の前のひとりの子どもが生き生きと自由に育っていくことを支え、その実現が世界中に広がっていくことを希望し続ける働きなのです。

第 **7** 講

絶対非暴力で教育する

公平ってなんだろう

　中学生の頃、わたしがクリスチャンであると知った理屈好きの同級生男子が、からかい気味に「キリスト教って博愛主義なんだろ。それじゃあ、お前（コミ）も、だれでも平等に愛すのかよぉ」と言ってきたことがありました。そう言われたわたしは、それにどう返事するかよりも、その質問自体にえっ？となりました。キリスト教って、神さまの愛って、確かにすべての人に注がれているけれど、それって「博愛」だったの？とひどく驚いたのです。なんでも、だれにでも、広く、平等にというそのことばのもつ響きに、強い違和感がありました。もう、半世紀近く前のことなのに、いまだにその場面をおぼえているのですから、わたしは、キリスト教を博愛と

か平等といわれることに対して、意外（いがい）、もっというと心外（しんがい）だと感じていたのだと思います。

　ところで、障がい者の教育、福祉の領域においては近年、世界的に「平等・公平」の実現が目指されています。その流れを推進する国連の「障害者権利条約」（2006年）の24条には、障害のある子どもたちに「個別のサポート」を準備し、個人が要求する「合理的配慮」を提供することが定められています。日本の法律にもその考えが反映され（改正障害者基本法［2011年］、障害者差別解消法［2013年］など）、教育現場でもその実施が求められています。学校は、障がいのある子どもたちが、障がいのない子どもたちと同じように教育を受けられるように「合理的配慮」をするように、というわけです。

　この「合理的配慮」とはなにかを示し、平等と公平の違いを理解するためによく持ち出される絵があります（次ページ参照）。似たようなものを見たことがある方も多いのではないでしょうか。みんなに同じ高さの踏み台（同じ量の配慮）を与える平等 equality（イクウォリティ）と、個々の必要に応じて合理的な配慮をすることで、結果として平等を実現する公平 equity（エクウィティ）とは違うというのです。そしてこの、公平こそが真の平等をもたらすものとして、今求められています。ふたつのことばを「・」で結んで（多くはカギカッコに入れて）「平等・公平」と書かれている場合、それは、個別のニーズに対応することで結果としてもたらされる平等を意味しています（日本語では、equity も equality も同じ平等ということばに訳せるためややこしいのですが、「平等・公平」は、左の絵の意味での平等ではなく、右の絵の、結果としての平等を意味しています）。

114

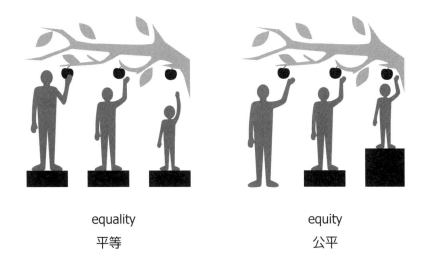

equality
平等

equity
公平

　初めてこの絵を見て平等と公平について聞いたとき、わたしはすごく合点（納得）しました。長年もやもやしていた、キリスト教＝平等なのかという問いに対して、すっきりと説明がついた気がしたのです。神さまの愛はたしかにすべての人に注がれている。でも、それって全員に同じ量、同じ形で送りつけられているのではなく、ひとりひとり全く違う人間に対して、個別に、その人の状況に合った形で差し出されているのだと。キリスト教の神さまというのは、人間に対して同一、同量という意味で平等に関わるのではなく、どんな人にも個々の必要に応じて、異なる人格的な出会いを備え、与えようとしている——その意味で、世界のすべての人に、平等・公平な方なのだと。
　キリスト教の神さまの平等・公平をもう少し考えるために、超お薦めの本があります。J・D・クロッサン『最も偉大な祈り　主の

祈りを再発見する』(小磯英津子訳、日本キリスト教団出版局、2022 年)です（この本は、わたしにとって、人生で数えきれないくらい祈ってきた主の祈りの概念をまったく変えてしまう 1 冊でした）。クロッサンはこの本において、わたしたち人間に与えられた世界でいちばん偉大(great) な主の祈りは、神の「分配的正義」という考えから読み解くことができるとしています。主の祈りのなかに、神さまの最も重要な性格と意志は織り込まれていて、それは公平、公正な分配とそれによってもたらされるすべての人の充足であると。

　主の祈りが願う神の国、神のみ心は、すべての人への公平、公正な分配の実現である。世界の「家」の世帯主である神さまは、神の子どもたちがみな「足りている」ことを強く願い、わたしたちにも地上で分配的正義を実行し、だれひとり取りのこさず、みんなが満ち足りている状態（神の国）をつくりだすことを求めておられる──というのです。「平等・公平」な神さまが求めているのが、すべての人の充足だとすると、ここではまず「足りていない人」たちに関心が向けられることになります。

「足りていない人たち」が満たされるために

　キリスト教の神さまは、いわゆる博愛的な平等じゃないのでは、と長年わたしが思っていたもうひとつの理由は、聖書を読むと、特に福音書のイエスの関心が「すべての人」に平等（同一）に向けられているとは思えなかったからでしょう。かといってそれは、一部の「満ち足りている人」に向けられるのでもなく、かえって明らかに「足りていない人」のほうに注がれていると感じたのです。イエスさまっていつも、小さい人、貧しい人、排除されている人、弱っ

ている人と向き合っておられる。そして、「医者を必要とするのは、丈夫な人ではなく病人である」（マルコ 2:17）、自分がこの世界に来たのは、道に迷い、途方にくれてうずくまっている人たちのためなのだとはっきり言っておられます。

　わたしは、授業で学生たちと聖書を読むとき、よく絵（といっても棒人間のような単純なシルエット画ですが）を描きながら説明します。福音書に表されたイエスの生涯をたどっているとき、つい何度も書いてしまうのが、イエスのシルエットを挟んで対照的な人びとを表すことばを書き込んだ上図のような絵。同じイエスという人物に対して、真逆の感情をもち、関わり方も反対になる人々がいることを図示するものです。

　イエスの左側には、「イエス×」な人たち、イエスに敵対し殺そうとまでする人たちをリストアップします。ファリサイ派の人たち、

律法学者、祭司長たち、ヘロデ王……。これらは、ユダヤ教の指導者たち、権力や地位、学力のある人たち、自分の足でちゃんと立ち、正しく生きていると思っている人たちです。かたやイエスの右側に書かれるのは、「イエス♡」な人たちです。病人、貧しい人、女性、子ども、罪人、異邦人、漁師、徴税人、弟子たち……などなどがイエス Love の方にずらっと並びます。この人たちはイエスのそばにいたいと願い、イエスが大好きでした。そして、イエスもその人たちを愛しておられました。

　これを黒板に書くたびに、「イエスさまってすごくえこひいきだよね」と思います。当然です。そもそも足りていないほう、困っているほうしか見るつもりがないのです。社会のなかで小さくされ、弱くされ、見捨てられている人たちのところにこそ来られたというのですから（それでわたしのところにも来てくださいました）。

　学生と放蕩息子のたとえ話（ルカ 15:11 以下）を読むと、感想のなかに必ず、兄の気持ちがよくわかるというものがあり、なかには、「この父親の兄への態度はいかがなものか」と意見するものまで現れます。たしかに、兄の側に立てば、そうも言いたくなる話ですよね。この父親は、なんで兄には子ヤギ 1 匹を渋るほど冷たくて、弟には信じられないほど甘いのでしょう。

　このお話を改めてじっくりみてみると、父親の無条件で無制限な赦しと愛は、今ただひたすらに、飢え死にしそうなところまで追いつめられた、ボロボロの弟に向けられていることがわかります。お父さんの眼中には、おなかをすかせた弟しか入っていません。毎日ご飯を食べられている自分たちよりも、今、問題なのは、明らかに「足りていない人」のほうなのです。走り寄って、すぐになんとか

しなくてはいけない、我が子に食べさせなければの一心です。飢え
ている人に食べさせ、汚れているところをきれいにする、安心させ
満ち足らせる。そんな小さき者、神の子たちへの個別のケアと愛が、
神さまにとっての最優先事項であり、それがなされることがみ心な
のです。

　福音書には、この弟にかぎらず、神さまに目をかけられる人たち、
イエスとじかに話し、触れてもらう人たち、すなわち神の国に招か
れ、福音に与る人たちが次々と登場します。ガリラヤの漁師や徴税
人、重い皮膚病を患い、けがれているとされた人、出血が止まら
ない女性、異邦人の母親……そして小さい子どもたち‼は、その
筆頭ですね。この人たちは、恵みを与えられ、いやされ、満ち足り
る。まさに神の国に入れられることになります。

　社会のなかで「足りていない」側の人、イエス♡の側にいる人た
ち、共同体から排除されたり、軽んじられたりする人たちとイエス
は出会っていく――福音書のどのページからもあふれてくるこれら
の出会いの物語は、わたしたちに、イエスが信じるようにといわれ
た「福音（よい知らせ）」の姿を伝えています。「目の見えない人は
見え、足の不自由な人は歩き、重い皮膚病を患っている人は清くな
り、耳の聞こえない人は聞こえ、死者は生き返り、貧しい人は福音
を告げ知らされている」（マタイ 11:5）のです。

　それは、今日でも同じです。今の社会、世界において、イエス
が、そこへ入る者となるようにと示された「神の国」はどんな場所
として実現するのだろう。キリスト教の団体は「み心がなりますよ
うに」と祈るけれど、今わたしたちが自分たちの行動の指針とすべ
き「神さまのみ心」って実際にはなんなのだろう。それらの答えは、

「足りていない人」が満たされていく物語のなかに、病む者がいやされ、排除された人がイエスと関わり、共同体と結びついていく（父の家に帰る）物語のなかに、明らかにされているのです。

わたしたちの周囲（社会）にいる、またわたしたちの園や学校、教会のただなかにいる「足りていない人」とはだれでしょう。今、ここにイエスさまがいたら、まっさきに駆け寄り、抱き上げて、いっしょに食事をする相手はだれだと思いますか。キリスト教教育・保育の働きは、その人たちに神さまの「平等・公平」な正義が実現するように、個々に違うニーズを見つけて対応し、「足りていない人」が充足する場となっているでしょうか。

力ってなんだろう──非暴力の教育論

この本でわたしは、キリスト教教育・保育とはなにか、今教育の現場や、キリスト教信仰を基盤とする組織（FBO）はなにに向かってその教育力を培い、用いていくのかについて、わたしがずっと考えてきたこと、また学び、語ってきたことを書いてきました。

それは、上から下へと、ただ知的に教え込む教育ではなく（第1講）、寄る辺ない、最も小さい者のひとりをイエスのように受け入れ（第2講）、お母さんが赤ちゃんを抱っこするように優しくケアする養育（第3講）でした。このようなからだや心に響く宗教教育によって、人は信仰を経験し、発展的にそれを育て、成熟させながら人生を歩いていく（第4講）ことに招かれているのです。ただ、そのような実りに至るには、人々が触れ合い、共に生きることを学ぶ空間が必要不可欠です。そこで、わたしたちは、どのようなキリスト教の教育環境をつくっていくのか、どのような教育・保育共同

体となっていくのかを神学に照らし、おかれた場に合わせて真剣に考え、具体的につくりだす（第5講）ことに参与します。

　このようなキリスト教教育の最も大切な特徴は、絶対非暴力・非支配であるとわたしは考えています。そこで、この教育を「非暴力の教育」と呼んでみることにしました。非暴力の教育は、第6講に述べたように、子どもを下に見て支配するのではなく、子どもを真ん中におく、あくまで子どもが主役の人権擁護教育と言いかえられるものです。そしてそれは、本講で述べてきたように、神のみ心にそって、神の国の共同体をつくりだす働きにほかなりません。それは具体的には、神さまが願う公平な分配のために、「足りていない人」たちに、必要な踏み台を用意し、その人が充足して生きられるようにエンパワーする（力づける）作業だといえるでしょう。

　ここで最後に問題となってくるのが、「非暴力」と言ったときにも出てくる「力」についてです。わたしたち人間存在にとって「力」というものは、切っても切り離せないもの。そもそも生きる力がなければ死んでしまいます。体力、知力、精神力……自分のなかに数えきれないほどいろんな力をもつことで、わたしたちは生きていくことになります。そこで、やたらと力を欲しがります。能力も権力も財力も……あぁそして忘れちゃいけない魅力も、手あたり次第ほしいもの、それが力なのかもしれません。要らない力は抜いたほうがいいのですが、なかなかそうはいきません。

　そして、そんな力の亡者になることより問題なのは、人が蓄えた力をどう使うのかということでしょう。力を、他者と自分にとって生きられる方向（プラスの方向）に使うのか、殺す方向（マイナスの方向）に使うのかが大きな分かれ目となります。つまり、力には

正反対の性格があります。これが、英語では２つのことばになっていて、とてもわかりやすい。暴力や腕力、軍事力、武力、強制力などを表すときは force を使い、知力、精神力、抵抗力、影響力など強みや長所、よりどころとなる力には strength を用いることができます。日本語は同じ「力」——ついでにいうと、エネルギー（energy）もパワー（power）も、暴力（violence）の「力」も全部同じ「力」——という漢字をあてるので、力のもつ多様な性格を区別しづらくなっているのです。けれども、わたしたちが力を行使する場合、この力のもつ性格の違いがとても重要になってきます。

　わたしたちは、自分のなかにある力を暴力的に使うことがあります。人や自分自身を傷つけたり、支配したり、排除したり、虐待したり、貶めたりする。これが、マイナス方向への力の使い方であり、戦争をはじめとする悲惨な結果と破壊を世界にもたらします。教育は、人を傷つけ、分断し、震えあがらせる、このような暴力的な力の使い方をしてはいけないし、教えてはいけないのです。

　世間や社会が、また一般の教育が、強い力をもって他者の上に立ち、世界を征服する権力をもてはやしたとしても、キリスト教教育は、そのような力の行使を認めてはいけない。教師は生徒に（教師同士も生徒同士も）そのような力を使ってはいけないだけでなく、たとえ、暴力をふるわれたとしても、わたしたちの理想は、イエスのように徹底して、死に至るまで、非暴力で生きることなのだと教え続けなくてはいけないのです。

　キリスト教教育がなされる現場では、ことばと行いの両方において力を暴力としてふるうことを避ける、遠ざけてけっして見せない、用いないことに徹する。それはとても難しいことなのだと思ってい

ます。また、自分や大人や教師たちのほうが力をもっていると思えることは、わたしたちにとって魅力的であり誘惑なのだと自覚することが大切です。そんな、自分の力を誇示したいわたしたちだからこそ、イエスは「誘惑に陥らぬよう、目を覚まして祈っていなさい」（マタイ 26:41）と言われたのでしょう。そう、いつも注意して祈り求めていなければ、わたしたちは力の誘惑に勝つことなどできないのです。

　キリスト教教育は、力を暴力（force）として用いることではなく、強さ（strength）として使う道を示します。わたしたちは、ひとりひとりがもつ偉大なパワーとエネルギーを、自分と他者を生き生きと生かすために使うように教えることができます。知力も、精神力も、体力も、わたしたちがもっている力は、共感し、つながり合い、関わり合い、共に生きるために使うことができる。愛すること、平和なこと、すべて善いことのために、いくらでも力を使いましょう。子どもたちにも、若い人たちにも、そのような力の使い方を共有しましょう。イエスは人々をいやすためにご自身の力を用い、疎外された人に触れ、結びつきを回復されました。人々からひとり離れて、神に祈り求めながら……。わたしたちも、誤った力の誘惑に陥らないように祈りながら、イエスの力の使い方をそれぞれの教育現場のお手本にしていきたいですね。

力を尽くして平和をつくりだす

　人を傷つけ、死に追いやる暴力は、今日も世界中でいやというほど使われています。ウクライナで、難民施設で、入国者収容所（入管センター）で、教室や職場で、家庭で、SNS 上で……。「足りて

いない人」が責められ、子どもたちはいじめに怯え、困っている人がさらに奪われ、傷ついている人の傷口に塩をぬるような非難の書き込みが続く……。人は、もっている力を、ただ憎悪と敵意のために弱者に向けて使っているのかと思うような社会です。どうしたら互いに愛し合い、共に生きるために、みんなが力を使うようになるのでしょうか。

　最近わたしは、保育科で学ぶ学生募集のために、高校で開かれる進路ガイダンスに行く機会があります。保育ってどんな仕事かを伝えるために呼ばれたときに、毎回高校生にこう話しています。

　「生まれたばかりの赤ちゃんってめっちゃ、かわいいよね、見たことある？　本当に生きているだけで尊い。そして無条件に無制限に人を愛し、愛されることを知っている。だれひとり殺人者やストーカーになる子なんていないよね。それが社会を見るとどうだろう、ひどい大人ってたくさんいる。いったいどこで違ってしまったんだろう？　その赤ちゃんがどんなふうに育てられたか──保育環境・教育環境──によるんだね。愛情深く育てられ、生涯人を信じ、愛していく人がいる一方で、裏切られ、傷つけられたために人を信じられなくなって、怖れと不安から周囲を傷つけるようになる人もいる。保育って、その人の人生を、そしてその人たちが生きる世界を変えてしまう。だからわたしは本気で信じているの。平和な世界をつくるために必要なのは、すべての子どもたちが幸せで守られていることを実感し、そのなかで思いっきり自由に遊べる、そんな保育・教育をすることだって……」という話です。

　非暴力・非支配のキリスト教教育・保育の場で、わたしたちは今

日も、この世界に平和をつくりだす働きに携わっています。「心を
尽くし、知恵を尽くし、力を尽くして神を愛し、また隣人を自分の
ように愛する」（マルコ 12:33）ことを学ぶ場所――知恵と力を、愛
するために使うことを練習する場所――をつくりだしていきましょ
う。キリスト教教育・保育は平和へのひとすじの希望なのですから。
　この本の最後に、本書を読んでくださったみなさん、非暴力のキ
リスト教教育・人権教育・平和教育のために働く友に向けて、旧約
聖書のことばを記したいと思います。

　わたしは彼の道を見た。
　わたしは彼をいやし、休ませ
　慰めをもって彼を回復させよう。
　民のうちの嘆く人々のために
　わたしは唇の実りを創造し、与えよう。
　平和、平和、遠くにいる者にも近くにいる者にも。
　わたしは彼をいやす、と主は言われる。（イザヤ書 57:18-19）

　ここでの「わたし」とは神さまのこと。「彼」とは、目に見える
世界のあまりにひどい暴力に、無力感や非力をおぼえ、ともすれば
あきらめてしまうわたしたち、やってもやっても徒労だと悩む日々
に疲れ、弱ってしまうわたしたち自身なのだと思います。
　そこで、このことばをわたしたちみんなへの呼びかけとするため
に、「彼」を「あなた」に読みかえてみましょう。

　わたしはあなたをいやし、休ませ

慰めをもってあなたを回復させよう。

民のうちの嘆く人々のために

わたしは唇の実りを創造し、与えよう。

平和、平和、遠くにいる者にも近くにいる者にも。

わたしはあなたをいやす、と主は言われる。

神さまは、み心を行おうとするわたしたちの歩みをいつも見ていてくださり、痛むところをいやし、休みを与え、力を回復させ、なんどでも希望をもたせ、語ることばを授けて、平和のためにわたしたちを用いてくださる——と、聞こえてきませんか。

非暴力の教育をになおうとするすべての人たちに、この呼びかけは今も響いています。だいじょうぶ、神さまは、近くにも遠くにも、わたしたちが生きるこの場所にも、平和を実現してくださるのです。

本書でとりあげた本

第 1 講

上山修平『子どもの神学──教会刷新の手がかり』新教出版社、1988
　　年

パウロ・フレイレ『被抑圧者の教育学』小沢有作ほか訳、亜紀書房、
　　1979 年

第 2 講

ハンス＝リューディ・ウェーバー『イエスと子どもたち』梶原寿訳、新
　　教出版社、1980 年

上 笙一郎『〈子どもの権利〉思想のあゆみ』久山社、1996 年

今井誠二「子どもを受け入れるイエス──マルコ福音書における貧困と
　　子ども」、富坂キリスト教センター編『奪われる子どもたち──貧
　　困から考える子どもの権利の話』教文館、2020 年所収

第 3 講

Horace Bushnell, *Christian Nurture* (New York: Charles Scribner & Co.,
　　1861)

H・ブッシュネル『キリスト教養育』森田美千代訳、教文館、2009 年

小見のぞみ「H. ブッシュネル『キリスト教養育』解題からの考察──
　　今日のキリスト教保育論の形成にむけて」『聖和論集』第 38 号、
　　2010 年（本書で引用した『キリスト教養育』の私訳は、本論文に掲載したもの）

第 4 講

J・H・ウェスターホフ『子どもの信仰と教会——教会教育の新しい可能性』奥田和弘・山内一郎・湯木洋一訳、新教出版社、1981 年

第 5 講

P・J・パーマー『教育のスピリチュアリティ——知ること・愛すること』小見のぞみ・原真和訳、日本キリスト教団出版局、2008 年

竹田青嗣・橋爪大三郎『自分を活かす思想・社会を生きる思想——思考のルールと作法』径書房、1994 年

Avery Dulles, *Models of the Church* (Dublin: Gill and Macmillan, 1976)

レイモンド・E・ブラウン『旅する教会——使徒たちが遺した共同体』石川康輔監訳、ドン・ボスコ社、1998 年

第 6 講

小見のぞみ『田村直臣のキリスト教教育論』教文館、2018 年

第 7 講

J・D・クロッサン『最も偉大な祈り——主の祈りを再発見する』小磯英津子訳、日本キリスト教団出版局、2022 年

あとがき

ヘンリ・ナウエン『今日のパン、明日の糧——暮らしにいのちを吹きこむ 366 のことば』河田正雄訳、日本キリスト教団出版局、2019 年

あとがき

　仕事に追われた50代、わたしは田村直臣のキリスト教教育論をまとめるため、博士論文を書いていました。何年も何年も、毎日「書かなきゃ」と思う日々が続くなかで、心にずっとかかっていたことばがあります。「ものを書く、深い井戸を開く」——ヘンリ・ナウエンの黙想集『今日のパン、明日の糧』（河田正雄訳、日本キリスト教団出版局、2019年）の4月28日分の黙想のタイトルです。そこには、「ものを書くことは、私たちの奥深くに隠された宝物である井戸を開きます」（147ページ）とあり、書くことによって開かれるすばらしい世界があることが述べられています。

　ただ、当時のわたしは、「ものを書く、深い井戸を掘る」作業中で、いつまでたっても水源にたどりつきそうになく、びくともしない岩盤に立ち向かってはみるものの、はね返される毎日でした。ものを書くって、根気のいる井戸掘りなんだなぁとつくづく思わされ、今もそう思っています。それなのに、今回、また本を書き、出そうとしています。それも、とても個人的と思える本を……。

　『非暴力の教育』は、わたしが知り、語ってきたキリスト教教育について書いたものですが、読んでみると、これはまさにわたしの人生、わたしの生涯なのだと感じられてきます。こんなに私的なことなんて、書いて出す？とおじけづくほどです。だいたい、本のはじめに「わたしは 60 歳になりました」なんて書いています。わたし、こんなこと、書こうと思っていなかったのに……。

　けれども、ものを書くことをしり込みし、ものを書かない言いわけばかりするわたしたちに、ナウエンは語りかけます。「私たちが生きた人生は、私たちだけのためではなく、他の人々のためでもあります。ものを書くということは、自分の生活を自分自身のものとして受け止め、また他の人々にも役立つものとして提供する、創造的で元気を呼び起こす行為でもあるのです」(148 ページ)。

　キリスト教教育にどっぷりとつかってきたわたしの人生を、自分自身のものとして受けとめ、それは他の人々のためでもあるのだと――少なくとも神さまはそう言っておられるのだと――信じて、『非暴力の教育』を書き、送り出します。この書きものが深い井戸を開いて、わたしを、そして他の人々をもクリエイティブに、元気にしてくれますように。

　そうはいうものの、書くのはある意味著者の勝手ですが、これを 1 冊の本にするのは、わたしのできることではありません。『非暴力の教育』を書くことを励まし、温かく受け入れ、出版してくださった、飯 光さんをはじめとする日本キリスト教団出版局のみなさんに心からお礼を申しあげます。

　この本の編集には、ぜいたくなことに 2 人の編集者、スタート

から初稿の書きあげまでを白田浩一さんが、途中からこのような本の形、出版に至るまでを土肥研一さんが伴走してくださいました。それぞれ篤い信仰と本への情熱、能力と感性に富む編集者2人分の手をかけてもらい、とてもとても得をした本になりました。土肥さん、白田さん、ほんとうにありがとうございました。

　表紙には、わたしがいちばんすきな「ライオンと子ひつじ」の画をお願いしました。欧米でクリスマスカードのデザインとしてよく見かけるこの2匹は、イザヤ書11章6節が語る神の国の平和な姿を代表しています。非暴力の教育が願い求め、つくりだそうとするものは、まさに、最も弱く小さい子どものひつじと、ふつうであればそれを食べてしまうライオンが共に生きられる世界──すなわち神の国なのです。2匹を見ていると、「きっといっしょに生きられるよね」という希望がわいてきます。

2022年11月

　今年帰天した母と
　わたしの人生に関わってくれたすべての人たちに感謝して

小見のぞみ

小見のぞみ（こみ・のぞみ）

1962 年、東京都に生れる。聖和大学教育学部キリスト教教育学科、Presbyterian School of Christian Education 卒業。博士（神学）。現在、学校法人関西学院 聖和短期大学教授、宗教主事。この間、キリスト教教育主事として、日本基督教団塚口教会、大阪城北教会で教会教育に携わる。

編著書に『教会教育の歩み──日曜学校から始まるキリスト教教育史』（教文館、2007）、『子どもと教会』（キリスト新聞社、2011）、『Thy Will Be Done──聖和の 128 年』（関西学院大学出版会、2015）、『田村直臣のキリスト教教育論』（教文館、2018）、『奪われる子どもたち──貧困から考える子どもの権利の話』（教文館、2020）、訳書に P・J・パーマー『教育のスピリチュアリティ』（日本キリスト教団出版局、2008）。

＊イラストレーション　デザインコンビビア／堀 明美（115 ページ）

非暴力の教育
今こそ、キリスト教教育を！

2023 年 2 月 25 日　初版発行　　　　ⓒ 小見のぞみ 2023

著者　　小見のぞみ

発行　　日本キリスト教団出版局
　　　　〒 169-0051
　　　　東京都新宿区西早稲田 2-3-18-41
　　　　電話・営業 03（3204）0422
　　　　　　　編集 03（3204）0424
　　　　https://bp-uccj.jp

印刷　　開成印刷

ISBN978-4-8184-1128-9　C0016　日キ販
Printed in Japan

教育のスピリチュアリティ　知ること・愛すること

Ｐ・Ｊ・パーマー 著／小見のぞみ・原 真和 訳（四六判 258 頁／ 2200 円）

「霊性を形づくる教育」について、ヘンリ・ナウエンやウェスターホフから深い影響を受けて考察してきた著者が、学習の過程において「知性と心」がどのように共に働くかを考察する。現代の破綻した教育に対し、真の教育の本質を提言している。

10 代のキミへ　いのち・愛・性のこと

髙橋貞二郎 監修（A5 判 160 頁／ 1800 円）

大切なことでありながら、家庭や学校、教会でもあまり語られない、思春期の「いのち」や「愛」、「性」のこと。キリスト教の視点から、そうしたテーマに取り組む 1 冊。単なる知識や倫理を伝えるのではなく、10 代の若者が持つ葛藤や好奇心に共によりそい、励まし、希望を示す。

子どもとつむぐものがたり　プレイセラピーの現場から

小嶋リベカ 著（四六判 152 頁／ 1500 円）

「遊び」という表現手段を通して、困難な思いを抱える子どもを支援する「プレイセラピスト」。親と死別した子どもたちや、親ががんになった子どもたちと出会ってきた専門家が、いかにして子どもに寄り添い、支えるかを、具体的なエピソードを紹介しつつ記す。

価格は本体価格です。重版の際に変わることがあります。